manuale
di grammatica
italiana
I

manuale
di grammatica
italiana

I

ANNAMARIA DE NICOLAIS NAPOLITANO

MARIA TESSONI DEVINE

1976
ANMA LIBRI

© by ANMA LIBRI & Co.
P.O. Box 876, Saratoga, Calif. 95070

All rights reserved.
ISBN 0-915838-98-2
LC 76-14899

Printed in the United States of America.

preface

This is the first part of a two volume grammar. In Volume I there are two sections: phonology and grammar. The phonological section is intended for all students of Italian—beginners, intermediate, and advanced—and indeed we hope it may serve as a reference aid for teachers also. This section may, therefore, present some difficulty for beginners, given its very specialized and technical nature. The grammar, on the other hand, follows a different approach: its purpose is to provide students of Italian with a grammar intended for use not as a text but rather as a reference book. According to the many modern methods of teaching foreign languages—and our own which closely follows the direct method—the purpose of a grammar is to supplement a reading text. We have written our grammar completely in Italian according to the principle of maximum exposure of the student to the foreign language he or she is learning. We believe that if the class is conducted in Italian and the readings are in Italian, then the grammar too should be in Italian in order to obtain a uniform and harmonious system of teaching. Faced, therefore, with the task of explaining in Italian grammatical rules to students who had not been previously exposed to Italian, we had to present our material using very elementary Italian at the beginning and then gradually increasing the complexity and the vocabulary of our explanations. To this end, the presentation of the grammar is very simple and to the point, using examples as the main vehicle to capture the eye and the mind of the student. Each major grammatical explanation is accompanied by appropriate exercises in order to offer the student an opportunity of immediately putting into practice the rule just learned.

We would like to express our gratitude and heartfelt thanks to all who have assisted and encouraged us in our task. In particular, we would like to thank Prof. A. Devine for providing the original English draft of the section on the phonology.

A.d.N.N.
M.T.D.

Stanford
June 1976

Ai miei genitori e a Pietro
Annamaria

Ai miei genitori
Maria

indice

i suoni
e la loro
rappresentazione
grafica

l'accento nella parola

Secondo l'accento le parole si possono classificare come segue
1) **tronche** – *città, virtù* — l'accento è sull'ultima sillaba
2) **piane** – *páce, amóre* — l'accento è sulla penultima sillaba
3) **sdrucciole** – *símile, amichévole, fantástico* — l'accento è sulla terzultima sillaba
4) **bisdrucciole** (principalmente terza persona plurale del presente indicativo e congiuntivo dei verbi in *-are*) - *illúminano, partécipano, chiácchierino* — l'accento è sulla quartultima.

N.B.: a) Alcune parole - per lo più monosillabiche - come gli articoli (*il, lo, la,* ecc.) e certe forme pronominali (*mi, ci, ne vi, si,* ecc.) non sono accentate. Esse formano, per quanto riguarda l'accento, un elemento unico con la parola che le precede o le segue — quest'ultima conserva l'accento nella posizione regolare: *la máno, mi piáce, láscialo.* In casi del genere abbiamo qualche volta delle parole in cui l'accento è spostato ancora più anteriormente che nelle bisdrucciole, per esempio: *órdinamelo, récitaglielo.*

b) Non tutte le sillabe non accentate che precedono la sillaba accentata sono ugualmente deboli: infatti osserviamo che a partire dalla sillaba accentata (´) e risalendo verso l'inizio della parola, una o due sillabe più deboli (−) si alternano a una più forte (+), per esempio: *organizzatóre* (+ − + − ´ −), *caratterística* (+ − − ´ − −). Nelle parole composte la sillaba che perde l'accento primario (´) nella formazione del composto acquista un accento secondario (`), per esempio: *pòrtabagágli* ma *pórta bagágli, càssafórte* ma *cássa fórte, asciùgamáno* ma *asciúga máno.*

c) Nella frase non tutti gli accenti sono ugualmente forti: l'ultimo è più forte. Ogni altro accento subisce un indebolimento rispetto alla forza con cui viene pronunciato nella parola a solo. Questo indebolimento varia secondo la posizione dell'accento nella frase.

La strategia del Cònte Cavour è famòsa

Nel succitato esempio i numeri indicano la forza degli accenti, dove 1 sta per l'accento più forte.

Parole piane.   La classe delle parole piane è la più vasta. Ciò è dovuto in parte alla seguente regola: quando la vocale della penultima sillaba è seguita da più di una consonante, la parola è piana: *principéssa, maledétto, amminístra*.

Eccezioni: ciò non si verifica 1) quando la sillaba finale è accentata: *onestà, gioventù*; 2) se le consonanti che seguono la vocale della penultima sillaba sono due e la seconda di esse è **l** o **r**, la parola è generalmente, ma non sempre, sdrucciola: *árbitro, múltiplo* (si noti: *báratro* ma *arátro, salúbre, allégro, alácre* o *álacre*, queste ultime entrambe accettabili nell'uso comune).

Per il resto la posizione dell'accento varia parola per parola. Si notino le seguenti parole in cui solo la differente posizione dell'accento indica la differenza di significato: *cánto – cantò, augúri – áuguri, calamità – calamíta, abitíno – ábitino*.

La posizione dell'accento non è segnata graficamente salvo in sillabe finali accentate (*città, tribù*) e in alcuni monosillabi accentati: *è* 'is' – *e* 'and', *dà* 'gives' – *da* 'from', *nè* 'neither' – *ne* 'of it', *sè* 'himself, herself, itself' – *se* 'if', *lì* 'there' – *li* 'them', *sì* 'yes' – *si* 'himself, herself, itself, themselves', *là* 'there' – *la* 'the' (art. fem.), 'her' (ogg. dir.).

Due sistemi d'accentazione sono comunemente usati: 1) l'accento grave (`) è adottato in tutti i casi; 2) l'accento grave è usato in tutti i casi salvo per la **e chiusa** (stretta) (la lingua italiana non conosce *o* chiusa in sillaba accentata in fine di parola) la quale è distinta dalla **e aperta** (larga) in sillaba accentata in fine di parola mediante l'uso dell'accento acuto (´): *é, caffé, potró* ma *nè, perchè, temè*. In questa grammatica seguiamo il primo sistema.

vocali

Le vocali accentate in sillaba aperta e non finale hanno una maggior durata sia delle vocali non accentate che di quelle accentate in sillaba chiusa. Una vocale è in sillaba aperta se è seguita da:

1) un'altra vocale in sillaba diversa
2) una singola consonante + vocale
3) un gruppo di due consonanti di cui la seconda sia **l** o **r**

Lunga	Breve	
	sillaba chiusa	sillaba non accentata
1. bú-e	pói	pa-úra
ví-a	guái	vi-adótto
2. cá-ro	cár-ro	ca-ríno
fá-to	fát-to	fa-tína
3. pié-tra	apér-ta	pie-tróne
só-pra	sót-to	so-prábito

Le vocali non accentate non sono nè centralizzate, nè ridotte, nè eliminate come in inglese. Infatti, nelle parole italiane *volontario* e *parola* ogni vocale ha un suo valore pieno e bisogna far sì che le sillabe non accentate non siano pronunciate come in *voluntary* e *parole* in inglese [vol̩ntri] e [pərəwl].

a approssimativamente come nelle parole inglesi *large, party*
ɛ approssimativamente come nelle parole inglesi *get, bet, deck*
e approssimativamente come la prima parte della vocale nelle parole inglesi *paid, gate, name*
ɔ approssimativamente come nelle parole inglesi *port, bought, law*
o approssimativamente come la prima parte della vocale nelle parole inglesi *hope, note, poke*

13

u approssimativamente come la prima parte della vocale nelle parole inglesi *boom, spoon, moon*

i approssimativamente come la prima parte della vocale nelle parole inglesi *bead, need, heat.*

Suono	*Ortografia*	*Esempio*
a	a	casa, parola
ɛ (aperta)	e	erba, tempo
e (chiusa)		nero, parete
i	i	libro, abito
ɔ (aperta)	o	porta, no
o (chiusa)		ponte, bomba
u	u	luna, pupa

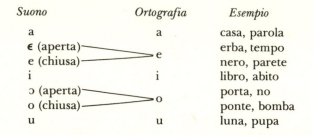

N.B. Si faccia attenzione a non confondere le vocali italiane 'pure' con le vocali inglesi 'scivolate' (dittongate o terminanti in semivocali): l'italiano *solo* è [solo] e non [soulou] o [sowlow] come in inglese *solo* e *so low.*

L'ortografia italiana non indica la durata vocalica, il che sarebbe comunque superfluo visto che la durata vocalica è stabilita dall'accento e dalla divisione sillabica (linguistica e non ortografica).

Ben più grave è la mancanza nell'ortografia italiana della distinzione fra la *e* **chiusa** e la *e* **aperta**, poichè tale distinzione è, almeno per principio, non meno importante per la lingua di quella esistente tra *a* e *i* o tra *a* e *u*. Ciononostante, ci sono considerevoli variazioni nella pronuncia delle stesse parole da una regione all'altra (a questo riguardo la non-differenziazione grafica dei due suoni è un vantaggio): a Roma *lettera, creta, scrofa*; a Firenze *lɛttera, crɛta, scrɔfa* e per molte persone del nord e del sud la distinzione o non esiste o è in stretta dipendenza dal contesto fonetico.

Coppie di parole — come negli esempi sottoelencati — vengono distinte solamente perchè hanno suoni vocalici diversi anche se rappresentati dallo stesso simbolo grafico:

aperta	*chiusa*
pesca (frutto del pesco)	pesca (< pescare)
venti ('winds')	venti ('twenty')
fosse ('ditches')	fosse (< essere, cong. imp.)
volto (< voltare)	volto (viso)
legge (< leggere)	legge ('law')

Poichè l'ortografia non offre nessuna indicazione in materia, è utile far notare certe regole che riguardono la distribuzione delle *o* e *e* aperte e delle *o* e *e* chiuse:

a) In sillabe non accentate non c'è contrasto tra vocali aperte e chiuse (infatti, in tutti gli esempi succitati di coppie minime, le vocali sono accentate). La pronuncia varia alquanto da un contesto all'altro. Come regola generale — estremamente semplificata — è bene pronunciare la *e* e la *o* piuttosto aperte davanti a *m*, *n*, ɲ (*gn*), *r*, *l*, ʎ (*gl*), e piuttosto chiuse in tutte le altre sillabe non accentate.

b) Se la radice etimologica latina ha una *i* o una *u*, la *e* o la *o* nella parola italiana derivata sono generalmente chiuse: *fede, vecchio, pozzo, uso*.

c) La vocale è in prevalenza aperta nelle sequenze *ie* e *uo*: *liɛve, buɔno* ma *insieme, affettuoso*.

d) Poichè non ci è possibile elencare in questa sede tutti i singoli casi in cui la *e* e la *o* sono aperte o chiuse nel lessico italiano, ci limitiamo a dare il vocalismo di alcuni suffissi comuni nei sostantivi e aggettivi.

I seguenti suffissi hanno la *e* **chiusa**: *-mento, -etto, -ezza, -ese, -eccio, -eggio, -eto, -esimo* (ad eccezione dei numeri), *-esco, -essa, -evole*, ecc.

I seguenti suffissi hanno la *e* **aperta**: *-ello, -enza, -ente, -(l)ento, -endo, -enso, -ema, -eo, -estre, -esimo* (nei numeri), *-ense, -etico, -teca, -enico*, ecc.

> *Movimento, libretto, ricchezza, borghese, peschereccio, noleggio, frutteto, cristianesimo, manesco, professoressa, notevole* ma *innocɛnza, prudɛnte, violɛnto, orrɛndo, teorɛma, licɛo, campɛstre, ventɛsimo, estɛnse, ipotɛtico, bibliotɛca, igiɛnico.*

I seguenti suffissi hanno la *o* **chiusa**: *-one, -ione, -ore, -oso, -oio, -(b)ondo, -oce, -ogno*, ecc.

I seguenti suffissi hanno la *o* **aperta**: *-orio, -otto, -occio, -occhio, -(u)olo*, così anche i suffissi di origine greca: *-onico, -ogico, -otico, -ologo, -ometro, -odromo, -ografo*.

> *Padrone, colazione, attore, coraggioso, rasoio, giocondo, moribondɔ, feroce* ma *laboratɔrio, giovanɔtto, cartɔccio, ginɔcchio, figli(u)ɔlo, retɔrico, sinfɔ-nico, zoolɔgico, ipnɔtico, filɔlogo, chilɔmetro, ippɔdromo, tipɔgrafo.*

Nei verbi distinguiamo una *e* **chiusa**:

nell'infinito presente dei verbi in *-ere*: *avere, tenere, potere, cadere, vedere*

nella seconda persona plurale dell'indicativo presente *-ete*: *avete, tenete, cadete*, ecc.

nelle seguenti forme dell'imperfetto indicativo: *-evo, -evi, -eva, -evamo*

in tutte le forme del passato remoto dei verbi regolari del secondo
gruppo: *-ei, -esti, -è, -emmo, -este, -erono*

nella seconda persona singolare e nella prima e seconda persona
plurale dei verbi irregolari

in tutte le forme del congiuntivo imperfetto: *-essi, -esse,* ecc.

nella prima e seconda persona plurale del futuro: *-eremo, -erete*

nella seconda persona singolare e nella prima e seconda persona
plurale del condizionale presente: *-eresti, -eremmo, -ereste.*

ed una *e* **aperta**:

nella prima e terza persona singolare e terza plurale del passato
remoto: *-ɛtti, -ɛtte, -ɛttero*

nella prima e terza persona singolare e terza plurale del condizionale presente: *-erɛi, -erɛbbe, -erɛbbero*

nel participio e nel gerundio presente: *-ɛnte, -ɛndo*

Le lettere *i* e *u* seguite da un'altra vocale generalmente si pronun-
ciano (salvo ovviamente nelle sequenze grafiche *-ci, -gi,* ecc.) come *y* e *w*
nelle parole inglesi *yes* e *witch*: *chiama, pietà, nuota, buono, buoi, puoi, miei,
guai, sciacquiamo* [-wj-]. Questa regola non si applica (particolarmente
nella parlata lenta ed accurata):

1) se la *i* o la *u* sono accentate: *zío, mío, follía* (da notare *búe* ma *buói*).
2) in pochi altri casi come: *liuto*
3) quando la sequenza vocalica è divisa da certe frontiere grammaticali: *ri-entro, du-etto, su-ino*
4) dopo la *r*: la *i* e la *u* prevocaliche hanno la tendenza ad essere
   vocaliche in questa posizione: *coriandolo, varie, serie.*

Qualche volta la sequenza di una vocale + *i* o *u* forma una sola sillaba:
pei (per i), poi, voi, mai, sai, baita, ecc.; *Europa, laurea, cauto,* ma *de-i*
('gods'), *te-ismo, pa-ura, ba-ule*; (le variazioni che esistono sono determi-
nate dalla posizione dell'accento).

consonanti

Suono	Corrispondente inglese approssimativo	lettera	esempi
p	p potato	p	patto
b	b husband	b	baffo
t	t tomorrow	t	tubo
d	d elder	d	dente
k	c caprice	c, ch	caro, chi
g	g girl	g, gh	gara, ghirlanda
ts	ts hats	z	nazione
dz	ds finds		zinco
tš	ch church	c(i)	celare, cielo
dž	j judge	g(i)	gelo, giocare
s	s soft	s	sempre
z	z doze		chiesa
š	sh ship	sc(i)	scemo, sciocco
f	f full	f	falco
v	v violent	v	vasto
l	l list	l	lingua
ʎ	li million*	gl(i)	mogli, moglie
r	'rolled' r (come in alcune pronunce scozzesi)	r	ruota
m	m March	m	morto
n	n not	n	nano
ɲ	ni onion*	gn(i)	gnomo

*pronuncia rapida disillabica

Osservazioni sull'ortografia

a) In alcune parole **q** è usata invece di *c* (suono *k*) davanti a *u* + vocale come avviene in inglese: *questione, qualità, quercia* ma *cuoio, cuoco, cuore*. In molte parole la geminata è scritta *cq*: *acqua, acquistare* (si noti unico caso: *soqquadro* e suoi derivati).

17

b) Altre lettere non presenti nel nostro alfabeto appaiono in parole straniere incorporate nella lingua italiana, come: *il whisky, lo yoghurt,* ecc.

h non esiste fonologicamente e perciò non è mai pronunciata. Appare soltanto in alcune forme del verbo avere: *ho, hai, ha,* e in alcune esclamazioni come: *eh!, ahimè!,* nel toponimo *Rho,* ecc., ma la sua funzione primaria è quella di formare i digrammi *ch* e *gh* (e le geminate *cch, ggh*).

c) Le lettere **c** e **g** rappresentano i suoni *k* e *g* davanti a tutte le lettere ad eccezione di *i* e *e* dove *c* e *g* rappresentano i suoni *tš* e *dž*. Se una vocale segue *ci* e *gi*, allora la *i* non è pronunciata: *ciclo* [tši-], ma *ciambella* [tša-], *ciotola, ciuffo, giacca*; così anche *facciamo, indugiamo* (salvo nella pronuncia meridionale). Questo accade anche quando la *c* è seguita da *e*, sicchè dal punto di vista dell'economia del sistema ortografico la *i* è superflua come nella pronuncia standard di: *cielo, cieco, arc(i)ere.*

d) **sc(i)** e **sch** si usano secondo gli stessi principi che regolano *c, ci, ch* corrispondenti ai valori *š, sk*: *scemo* [še-], *sciocco* [šɔ-], *schiavo* [skja-], *cosciente* [košε-].

e) **ʎ** si scrive *gli* davanti alle vocali (tranne *i,* davanti alla quale si scrive *gl*): *paglia, figlio, moglie, figli, mogli*; *gl* + vocale – diversa da *i* – rappresenta la sequenza fonetica [gl] come: *gloria, gladiatore.* Ci sono alcuni casi in cui *gl* ha questo valore anche davanti a *i* come nella parola *negligente* e nelle parole di origine greca con *gli* iniziale come *glicerina* e nella sequenza *-ngli* come *ganglio, -i.*

f) Il suono **ɲ** viene rappresentato ortograficamente dal digramma *gn*: *gnocco, agnello, lagna.* Quando *gn* è seguita da *i* + vocale, allora in genere la *i* non è pronunciata nell'Italia centrale e settentrionale: *sogniamo, impugniamo*; per questo motivo queste parole sono anche scritte senza *i.* (Per i suoni sopraelencati vedi Tabella pag. 19).

Osservazioni sulla pronuncia

a) Bisogna fare attenzione a non trasferire in italiano l'aspirazione inglese di *p, t, k, tš* davanti a vocali accentate: *patata* e non *pathata*, *parto* e non *pharto*; e il ritardo nella sonorizzazione di *b, d, g, dž, v, z* in inizio di parola.

b) La **l** italiana è sempre come la *l* iniziale nelle pàrole inglesi *let* e *lord* e mai come la *l* finale nelle parole inglesi *hell, cool* e neanche come nelle parole *help* e *almost.*

c) **n** e **m** sono generalmente assimilate all'occlusiva o fricativa che segue nel punto di articolazione, sebbene questo non sempre venga rappresentato nell'ortografia anche quando sarebbe perfettamente

Lettera	Sequenze grafiche	Valori fonetici	Corrispondente ortografico inglese (approssimato)
c	ci ce ca co cu	tši tše/ɛ ka kɔ/o ku	i, e: ch - chicken; a, o, u: c - cat
	chi che	ki ke/ɛ	k - kit
	cie cia cio ciu	tše/ɛ tša, tšɔ/o tšu	ch - church
sc	sci sce sca sco scu	ši še/ɛ ska skɔ/o sku	i, e: sh - ship; a, o, u: sc - scamp
	schi sche	ski ske/ɛ	sk - skill
	scie scia scio sciu	ši še/ɛ ša šɔ/o šu	sh - ship
g	gi ge ga go gu	dži dže/ɛ ga gɔ/o gu	i, e: j - jest; a, o, u: g - gape
	ghi ghe	gi ge/ɛ	g - get
	gie gia gio giu	dže/ɛ dža džɔ/o džu	j - jest
gl	gli	ʎi, raro gli	
	glie glia glio gliu	ʎe/ɛ ʎa ʎɔ/o ʎu	
gn	gni gne gna gno gnu	ɲi ɲe/ɛ ɲa ɲɔ/o ɲu	
	gnia	ɲa	

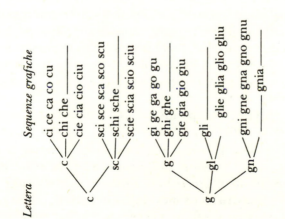

possibile, specialmente alle frontiere sintattiche: *banca* [-ŋk-], *in campagna* [-ŋk-], *in pace* [-mp-], *inferno* [-ɱf-], *non faccio* [-ɱf-].

d)   Particolare attenzione richiede la distinzione tra la pronuncia *lj* e *llj* come in: *veliero, voliamo, Italia, balia, olio, allietare, sollievo* e quella di *ʎ(ʎ)* come in: *raccogliete, vogliamo, taglia, sbaglia, foglio*, e tra la pronuncia di *nj* e *nnj* come in: *suoniamo, conia, genio, Polonia, condanniamo* e quella di *ŋ(ŋ)* come in: *rogna, ingegno, Bologna, sogniamo*.

e)   Nell'ortografia inglese incontriamo di frequente consonanti geminate come nelle parole: *bunny, hidden, Jerry*, ecc., che però non sono pronunciate a meno che si trovino agli estremi di due elementi di una parola composta come in: *pen-knife, sackcloth*, o in frase come: *ripe pears, Prime Minister*, ecc. In italiano, invece, le consonanti geminate devono essere pronunciate come consonanti lunghe vere e proprie. Le succitate frasi inglesi possono servire da modello relativo qualora la consonante finale del primo elemento non venga pronunciata come un'esplosiva. Nel caso di *tš, dž, ts, dz*, la geminata è pronunciata *ttš, ddž, tts, ddz*, per esempio: *faccia* [fattša], come in inglese *a bit chilly*. Tutte le consonanti italiane possono essere geminate, offriamo qui una serie di coppie minime che possono servire da esempio:

capello	cappello
caro	carro
fumo	fummo
note	notte
bevi	bevvi
casa	cassa

Ad eccezione di pochi casi come *vizi – vizzi, Gaza – gazza*, il contrasto tra la consonante semplice e la geminata non ha luogo con le consonanti *š, ts, dz, ʎ, ɲ*, in posizione intervocalica. Esistono variazioni regionali nella pronuncia di alcune di queste consonanti che tendono ad essere pronunciate o come geminate (in qual caso la vocale che precede è breve se accentata) o come una singola consonante (in qual caso la vocale che precede è lunga se accentata); per esempio, Italia settentrionale: *baːɲo*, Italia meridionale: *baɲɲo*.

f)   **s e z**: alla lettera *s* corrisponde sempre una pronuncia sorda (cioè *s* come nella parola inglese *soft*) tranne:

1)   quando si trova davanti a una consonante sonora (*sb, sd, sg, sdž, sm, sn, sl, sr, sv*): *sbagliare* [zb-], *disdire* [-zd-], *sgarbato* [zg-], *sgelare* [zdž-], *smentire* [sm-], *snervare* [zn-], *sleale* [zl-], *sregolato* [zr-], *svelto* [zv-]; in questi casi la *s* è sonora [z] come nella parola inglese *rose*.

2)   in posizione intervocalica (specialmente nella pronuncia dell'italiano standard dell'Italia settentrionale): *casa, cosa, spesa, caso, uso, isola*, ecc.

Sarà più facile per lo studente seguire la pronuncia settentrionale. Infatti nell'Italia centrale la *s* e la *z* sono suoni distintivi: in alcune parole la *s* intervocalica è sorda, mentre in altre è sonora (con delle varianti di zona), per esempio: *casa, cosa, pisello, naso* hanno [s], *caso, chiesa, rosa, viso* hanno [z], *inglese* ha [s] mentre *francese* ha [z], *chiese* (passato remoto del verbo *chiedere*) ha [s] mentre *chiese* (plurale di *chiesa*) ha la [z], *Incisa* [s] e *incisa* [z], ecc.

g) **ts** e **dz**: questi suoni sono rappresentati ortograficamente dalla lettera *z*. Come per la *e* o la *o* aperta o chiusa è necessario imparare la pronuncia di ogni singola parola in cui questi suoni occorrono: *ts* è in *zingara, pezzo, prezzo, danza, -ezza (bellezza), -zione (definizione)*; *dz* è in *zinco, zero, azzurro, mezzo, rozzo* (da notare, *razza* [-tts-] 'race' – *razza* [-ddz-] 'type of fish'). Ci sono delle varianti regionali nella pronuncia di *azienda, pranzo, sozzo*, che a Firenze hanno il suono *dz* e a Roma invece hanno il suono *ts*. Per molti parlanti all'inizio di parola esiste solo il suono *dz* e sarà più facile per lo studente seguire questa pronuncia che è oggi perfettamente accettabile nell'italiano colto.

h) **c(i)** *tš* in Toscana e a Roma e **g(i)** *dž* soltanto in Toscana, sono pronunciate rispettivamente *š* e *ž* in posizione intervocalica — sia in una parola che nelle frasi che sono come una parola unica per quanto riguarda la pronuncia: *pace* [paše], *agile* [ažile], *la cena* [lašena], *la gente* [lažente].

Lettera	Contesto	Valore fonetico	Corrispondente inglese approssimativo
s	{ sV-, s + cons. sorda	s	s soft
	{ -VsV-, s + cons. sonora	z	z rose
z	{ z-	dz	dz rides
	{ -z-	-ts-, -dz-	ts, dz writes, rides

I valori fonetici sono per l'italiano standard dell'Italia settentrionale.*

---

* Raccomandiamo qui e altrove la pronuncia settentrionale dell'italiano standard per il solo motivo che, spesso, è più facile per lo studente: questo giudizio è assolutamente estraneo a qualsiasi valutazione qualitativa di carattere culturale o estetico-linguistico.

fonetica sintattica
alternanza di suoni

Fonetica sintattica

a) Quando due parole 'vanno insieme' (cioè sono considerate come una singola costituente sintattica di un certo grado – quest'ultimo può variare secondo lo stile del linguaggio ed è purtroppo mal definito nei testi di consultazione, come *Sant'Antonio,* ma *santo Antonio non fu*), la vocale finale della prima parola diventa asillabica quando la seconda parola comincia per vocale. Poichè una vocale accentata non perde mai la sua sillabicità, nella sequenza -V́V-, è la seconda vocale che perde la sua sillabicità. (Questa regola è in parte un'estensione di quella data per le sequenze all'interno della parola: *i/u* + V, *pjede – manj e pjedi*).

b) In alcuni casi dove è presente la sequenza descritta in a) (vedi sopra), la prima vocale può essere elisa se non è accentata: *quest'anno, Sant'Agostino, le regioni d'Italia, m'hanno eletto.* Nei monosillabi *ci* e *che*, la vocale in *ci* si elide sempre davanti a *e* e *i*: *c'era, c'invita* ma *ci ama, ci odia,* e la vocale in *che* si elide qualche volta davanti a *i* e *e*: *ch'io, ch'esse.* Nel plurale degli articoli definiti *le* e *gli*, l'elisione della vocale è accettata solamente davanti ad identiche vocali e preferibilmente solo nell'uso parlato, esempio: *l'eresie, l'elisioni, gl'infelici, gl'imbecilli.*

c) Quando due parole 'vanno insieme' in certi casi la *e* o la *o* in fine di parola possono essere elise anche quando la seconda parola comincia per consonante. Questo è possibile sempre che la vocale non sia accentata e sia preceduta dalla sequenza vocale + *l, r, m* o *n* come: *voglion far bene.* Ciò è particolarmente frequente quando la fusione tra le due parole è dovuta al fatto che esse formano un modo di dire: *amor proprio, Val di Pesa, caval donato.* Questo fenomeno è comunemente definito 'troncamento' ed è obbligatorio con: *uno, ciascuno, nessuno, alcuno, bello, buono* e *quello* (ad eccezione di quando si trovino davanti a consonanti

22

che richiedono *lo* invece di *il* quale articolo definito — vedi capitolo Articoli, paragrafo 2. In poesia il troncamento avviene in fine di riga. Si notino le seguenti perdite di consonanti in fine di parola: *grande* → *gran*, e in alcuni appellativi religiosi: *santo* → *san, frate* → *fra*.

d) In alcuni modi di dire, che sono diventati nell'uso corrente una sola parola, si ha una geminata nell'ortografia laddove in espressioni parallele, ma meno fossilizzate, si ha una sola consonante. Si paragonino: *davvero, ebbene, oppure, soprattutto, fabbisogno* con: *da voi, sopra tanti*, ecc. Nell'italiano standard del Nord la differenza nella ortografia corrisponde più o meno ad una diversa pronuncia. Tuttavia nel resto dell'Italia, nonostante considerevoli varianti, la maggior parte delle consonanti iniziali viene geminata nella pronuncia: 1) dopo alcune parole monosillabiche – tra l'altro certe preposizioni, 2) dopo parole che terminano in vocale accentata e 3) dopo alcuni bisillabi (*come, dove, sopra, qualche*); cioè non soltanto in frasi lessicalizzate dove la geminazione è rappresentata ortograficamente, ma ovunque occorrano le succitate combinazioni di parole: *a ccasa, da Nnapoli, come pprima, andò vvia, qualche ggiorno*. In questi casi sarà più facile per lo studente seguire la pronuncia settentrionale.

Principali alternanze di suoni nelle desinenze grammaticali e nei suffissi derivativi

a) *k* → *tš*, *g* → *dž* davanti a *i* e *e* (esistono però molte eccezioni). Questa alternanza è molto frequente davanti a desinenze grammaticali e meno frequente davanti a suffissi derivativi (per una illustrazione più dettagliata vedere le relative sezione nella parte morfologica): *vinco* – *vinci, vince; dico* – *dici, dice; piacque* – *piacere, compiacimento; spargo* – *spargi, cospargimento; fuggo* – *fuggi, fuggitivo; medico* – *medici, medicina; simpatico* – *simpatici, simpaticissimo; farmaco* – *farmacia, farmaceutico; teologo* – *teologi, teologia*.

b) *sč* (da *sk* + *i, e*) → *š*: *pasco* – *pascere; conosco* – *conoscere*.

c) *-ii-* → *-i* (laddove *-ii* rimane): *lo studio* – *gli studi; io studio* – *tu studi, che lo studino; calzolaio* – *calzolai; genio* – *geni* ma *gli oblii, io assorbii, tu invii*.

d) *l, n* e *r* → *rr*: *varrà, verrà, terrà, vorrà, rimarrà*.

e) *uo* → *o, ie* → *e* in sillaba chiusa accentata e in tutte le sillabe non accentate: *duolo* – *dolete; puoi* – *potete; vuoi* – *vogliamo; nuovo* – *novità, rinnovare; buono* – *bontà; fuoco* – *focolaio; siedo* – *sediamo, seduto; tieni* – *teniamo, tengo, terrò*. Si notino alcune tra le eccezioni più comuni: *lieve* – *alleviare* ma *lievissimo; suono* – *s(u)oniamo; fuoco* – *f(u)ochista, inf(u)ocare*.

f) *d* → zero davanti a *-so* nel participio passato: *decidere* – *deciso; alludere* – *alluso*; la *n* che si trova davanti a *-so* per questa regola è anch'essa eliminata: *scendere – sceso; appendere – appeso; prendere – preso.*

g) *c, g, d* → zero fra *l, r, n* e *-so, -to*: *spingere –spinto; ardere –arso; tergere – terso; torcere – torto; volgere – volto; vincere – vinto.*

h) *ct, gt* dopo vocale → *tt: cuocere – cotto; friggere –fritto; dico – detto.*

le forme
grammaticali
e il loro
impiego
nella frase

gli articoli

1 Articoli indefiniti

Gli articoli indefiniti sono:

> **uno** → **un**   maschile
> **una** → **un'**   femminile

Usiamo **uno** con le parole che cominciano con la lettera *z* [dz] e con le sequenze grafiche *s* + consonante/i (per es. *st, sc, sp*, ecc. [st, š, sp]), *ps, gn* e *i* consonantico.

uno studente	**uno** zio	**uno** iugoslavo
uno sciatore	**uno** psichiatra	
uno spazio	**uno** gnomo	

Usiamo **un** con le parole che cominciano per altre consonanti o per vocale (vedi Fonologia pag. 22):

> **un** bambino
> **un** padre
> **un** albero

Usiamo **una** con le parole femminili;   davanti a vocale **una** → **un'** (vedi Fonologia pag. 22):

> **una** bambina
> **una** madre
>
> **una** + amica → **un'**amica
> **una** + opera → **un'**opera

2   Articoli definiti

Gli articoli definiti sono:

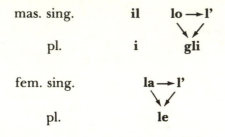

mas. sing.	**il**	**lo → l'**
pl.	**i**	**gli**
fem. sing.		**la → l'**
pl.		**le**

Usiamo **il** con le parole che cominciano per consonante:

il bambino	**i** bambini
il padre	**i** padri

Usiamo **lo** con le parole che cominciano con la lettera *z* [dz] e con le sequenze grafiche *s* + consonante/i, *ps, gn, i* consonantico:

lo studente	**gli** studenti
lo sbaglio	**gli** sbagli
lo zio	**gli** zii
lo psicologo	**gli** psicologi
lo gnomo	**gli** gnomi
lo iugoslavo	**gli** iugoslavi

Usiamo **l'** con le parole che cominciano con vocale:

l'uomo	**gli** uomini[1]
l'autore	**gli** autori

Usiamo **la** con le parole femminili; **la** + vocale → **l'**:

la madre	**le** madri
la bambina	**le** bambine
l'erba	**le** erbe
l'uscita	**le** uscite

---

[1] Plurale irregolare, vedi paragr. 4. Per questa regola la *u* nella sequenza *uo* è considerata vocale, cioè questa regola grammaticale si applica prima della regola fonetica in virtù della quale la *u* assume una pronuncia piuttosto consonantica davanti a vocale (vedi Fonologia pag. 16).

Esercizio A

Mettere l'articolo indefinito davanti ai seguenti sostantivi come dall'esempio:

padre — **un** padre

1. bambino
2. fratello
3. sorella
4. zaino *(knapsack)*
5. moglie
6. stato
7. figlia
8. automobile
9. madre
10. uomo
11. psicologo
12. studente
13. muro
14. lavagna
15. sedia
16. classe
17. ufficio
18. insegnante
19. pagina
20. libro
21. parola
22. esercizio
23. articolo
24. matita
25. iodio
26. gnocco

Esercizio B

Mettere l'articolo definito davanti ai sostantivi dell'esercizio A.

Esercizio C

Imparare le seguenti frasi di uso comune:

DOMANDA:

Buon giorno, Buona sera, come sta (Lei)?, come stai (tu)?

RISPOSTA:

Bene, Male, Abbastanza bene, ecc., grazie, e Lei, e tu?

Arrivederci! Arrivederla!
Buona notte!
Ciao! *(Hallo* e *Goodbye)*
A domani!

DOMANDA	RISPOSTA
Dov'è Lei?	Sono in classe
Dove siete voi?	Siamo in classe
Come si chiama Lei?	Mi chiamo ....
Che cosa è questo, -a?	Questo, -a è ....

Come si dice .... in italiano?
Come si scrive........?
Come si legge ....?
Ripeta, per favore, non ho capito.

i sostantivi

3 Il genere

In linea di massima in italiano ogni sostantivo appartiene o alla classe di genere femminile o alla classe di genere maschile. Dalla sua classificazione dipende la forma dell'articolo, del pronome e dell'aggettivo che lo accompagnano. Per alcuni sostantivi non è possibile stabilire il genere secondo una regola precisa (per es.: *dente, tram, carne, morte*), ma per molte parole è possibile stabilire il genere secondo uno o entrambi dei seguenti criteri:

A.1. dal sesso (persone, animali) = genere naturale
   2. dall'appartenenza ad una categoria semantica

B.   dalla desinenza del nome.

A.1. Esempi di sostantivi appartenenti al genere naturale:

il padre, la madre, la moglie, il bue, l(o)'ariete, il cantante, la cantante, il pianista, la pianista (da notare: *la guardia, la spia, la vittima, la volpe maschio, il duca, il soprano*).

A.2.1. Sono quasi sempre **maschili**:

  a) i nomi degli alberi:
     il melo, il pero, l'arancio, il pesco
     eccezioni: *la quercia, la vite, la palma*

  b) i nomi dei mesi e dei giorni:
     febbraio, settembre, aprile, mercoledì, sabato
     eccezioni: *domenica*

  c) i nomi dei monti, fiumi e laghi:
     il Monte Rosa, il Pò, il Garda

N.B.   Catene di montagne sono o maschili o femminili: *i Pirenei, le Alpi.*

A.2.2. Sono quasi sempre **femminili**:

  a) i nomi dei frutti:
     la mela, la pera, la banana, la pesca

eccezioni: *il limone, il fico, il mandarino*
(da notare: *l'arancia* o *l'arancio*).

b) i nomi delle scienze e della qualità:
   la chimica, la storia, la bellezza, l'intelligenza.

c) i nomi delle feste religiose:
   la Pasqua, la Befana
   eccezioni: *il Natale, il Capodanno*.

d) i nomi delle parti del mondo, degli stati, delle isole, delle città,
   delle nazioni:
   *l'Europa, l'Asia, la Francia, la Russia, l'Italia, la Sicilia, l'Elba,
   Roma*[2] *è bella, Milano è ricca, la Campania, la Toscana*
   eccezioni: *il Brasile, il Perù, l'Egitto, il Texas, l'Illinois* (e molti altri
   stati).

B.1. I nomi che terminano in **-o** sono quasi sempre **maschili**:
   bambino, cappello, albero
   eccezioni: *la mano, la eco*.

B.2. I nomi che terminano in **-a** sono quasi sempre **femminili**:
   sedia, bambina, pagina
   eccezioni: *il pigiama, il pianeta*, ecc.

B.3. I nomi che terminano in **-e** sono o maschili o femminili, ma

a) sono soltanto **maschili** i nomi che terminano in
   -ore: *scrittore, pittore, attore, orrore*
   -ile: *cortile, fucile, campanile*

b) sono soltanto **femminili** i nomi che terminano in
   -rice: *scrittrice, pittrice, attrice, motrice*
   -ione: *occasione, opinione, azione*

B.4. I nomi propri di persona sono maschili e femminili e generalmente passano dal maschile al femminile con un semplice cambia-
mento di desinenza:

Paolo	→	Paola
Giovanni	→	Giovanna

Per altri nomi propri di persona il normale corrispondente femminile
mostra un suffisso diminutivo:

Andrea	→	Andre**ina**
Nicola	→	Nico**letta**
Clemente	→	Clement**ina**

---

[2] Per le regole sull'uso dell'articolo vedi vol. II. È bene osservare fin d'ora che i nomi di
città e di piccole isole non hanno mai l'articolo: *Napoli è in Italia, Capri è un'isola*.

4   Il plurale [3]

I nomi maschili che terminano in **-o** al singolare hanno il plurale in **-i**:[4]

il bambin**o**	i bambin**i**
il fratel**lo**	i fratel**li**

I nomi femminili che terminano in **-a** al singolare hanno il plurale in **-e**:

la bambin**a**	le bambin**e**
la sorel**la**	le sorel**le**

I nomi maschili e femminili che terminano in **-e** al singolare hanno il plurale in **-i**:

la madr**e**	→	le madr**i**
il padr**e**	→	i padr**i**
eccezione: *la specie*	→	*le specie*

N.B.   Ci sono dei sostantivi che sono usati prevalentemente a) al singolare, b) al plurale:

a) al singolare:
   collettivi – che indicano un gruppo di persone, animali o cose della stessa specie:

   la gente 'people', *il gregge* 'herd', *la roba* 'stuff'

   astratti – che indicano una qualità, una condizione, un concetto, un'arte, ecc.

   la giustizia, la schiavitù 'slavery', *la libertà* 'freedom', *il benessere* 'prosperity', *la musica.*

b) al plurale:
   nomi di oggetti concepiti come composti di due o più parti:

   le forbici 'scissors', *gli occhiali* 'eye-glasses', *i baffi* 'moustache, whiskers', *le mutande* 'underwear', *i pantaloni* 'pants'

   nomi che già in latino mancavano del singolare:

   le nozze 'wedding', *le esequie* 'funeral', *le ferie* 'vacation'.

---

[3] Tutte le regole che diamo per il plurale dei sostantivi sono valide anche per il plurale degli aggettivi.
[4] Da notare: *uomo – uomini, dio – dei.*

5 Particolarità

A. Maschili

a) I nomi maschili che terminano in **-a** al singolare hanno il plurale in **-i**:

il dentista	i dentisti
il programma	i programmi
il problema	i problemi
il poeta	i poeti

eccezione: *il boia* → *i boia*.

b) I nomi che

sono monosillabici
terminano in consonante
terminano in vocale accentata   } sono invariabili[5]
sono abbreviati

il re	i re
il tè	i tè
lo sport	gli sport
l'autobus	gli autobus
il caffè	i caffè
il cinema	i cinema
l'album	gli album
il radar	i radar
il tram	i tram

c) Per i nomi che terminano in **-io**

1. dove la *-i* è accentata il plurale è **-ii** (vedi Fonologia pag. 23):

lo zio	gli zii
l'oblio	gli oblii

2. dove la *-i* è a) pronunciata ma non accentata, o b) parte delle sequenze grafiche *-(s)ci-o, -gi-o, -gli-o*, il plurale è **-i** (vedi Fonologia pag. 23):

l'esempio	gli esempi
l'armadio	gli armadi
il viaggio	i viaggi
il bacio	i baci
il fascio	i fasci
il figlio	i figli

---

[5] Invariabile significa che un sostantivo (o un aggettivo o un pronome) conserva la stessa forma al maschile, al femminile, al singolare e al plurale.

4. Texts (Reader) covering period up to the end of the first
   semester/first two quarters

5. Dictionary for words appearing in the reader and in the
   grammatical examples

anma LiBRi

P.O. Box 876,
SARATOGA,
California 95070.

MANUALE DI GRAMMATICA ITALIANA

Volume II will contain:

1. The Conditional

2. The Subjunctive

3. Constructions with the verb fare

d) Per i nomi che al singolare terminano in **-co** e **-go** (vedi Fonologia pag. 23).

    1. dove l'accento è sulla penultima sillaba, generalmente il plurale è **-chi** e **-ghi**:

il fuo**co**	i fuo**chi**
il ban**co**	i ban**chi**
l'alber**go**	gli alber**ghi**
il la**go**	i la**ghi**

eccezioni:

l'am**ico**	gli am**ici**
il nem**ico**	i nem**ici**
il gre**co**	i gre**ci**
il por**co**	i por**ci**

    2. dove l'accento è sulla terzultima sillaba, generalmente il plurale è **-ci** e **-gi**:

il mona**co**	i mona**ci**
il medi**co**	i medi**ci**
l'aspara**go**	gli aspara**gi**

N.B.   Ci sono molte eccezioni: i nomi che terminano in *-logo* e *-ologo* hanno il plurale in *-ghi*: *dialogo* → *dialoghi*, *monologo* → *monologhi*, ma se riferiti a persone hanno il plurale in *-gi*: *teologo* → *teologi*, *psicologo* → *psicologi*.

È impossibile dare una regola assoluta per questi nomi data la presenza di un gran numero di variazioni non soltanto fra l'italiano di Dante, per esempio, e l'italiano moderno, e tra un dialetto e l'altro, ma anche nella lingua stessa come è parlata oggi: *filologo* → *filologi, filologhi, stomaco* → *stomaci, stomachi*.

e) Ci sono dei nomi — quasi tutti indicano parti del corpo umano — che al singolare sono 1) maschili e 2) terminano in **-o**, ma al plurale 1) sono femminili e 2) terminano in **-a**:

il dito	**le** dita
il braccio	**le** braccia
il labbro	**le** labbra
il ginocchio	**le** ginocchia
l'osso	**le** ossa
l'uovo	**le** uova
il paio	**le** paia

N.B.   Alcuni di questi nomi che indicano parti del corpo umano hanno anche la forma del plurale in *-i* e conservano il genere maschile.

In questo caso hanno un diverso significato: *i bracci* (di una croce, di una lampada); *gli ossi* (per il cane); *i diti* (tre, quattro, sei, sette *diti* ecc., raro, ma sempre cinque e dieci *dita*).

B. Femminili

a) I nomi femminili che terminano al singolare in **-ia** hanno il plurale in **-ie** quando la *-i-* è o non è accentata:

la tragedia	le tragedie
l'operaia	le operaie
la bugia	le bugie
la farmacia	le farmacie
l'anomalia	le anomalie

b) I nomi femminili che terminano al singolare nelle sequenze grafiche **(s)ci-a, gi-a** (con alcune eccezioni e variazioni specie quando una vocale precede, per es.: *camicia* → *camicie*, *socia* → *socie*) hanno il plurale in **-ce** e **-ge** (vedi Fonologia pag. 23):

l'arancia	le arance
la roccia	le rocce
la marcia	le marce
la coscia	le cosce
la ciliegia	le ciliege
la valigia	le valige
l'orgia	le orge

c) I nomi femminili che terminano al singolare in **-ca** e **-ga** hanno il plurale in **-che** e **-ghe** (vedi Fonologia pag. 23):

l'amica	le amiche
la monaca	le monache
la riga	le righe
la strega	le streghe

d) Da notare che *l'eco* (fem.) ha il plurale maschile: *gli echi*, mentre *la mano* → *le mani* non cambia genere.

e) I sostantivi femminili che rientrano nelle categorie descritte al paragr. 5b sono anche essi invariabili: *la radio – le radio, la città – le città*. Tale regola vale anche per i sostantivi femminili in -*i* di origine greca: *l'analisi – le analisi*.

Esercizio A

Mettere l'articolo definito, come dall'esempio, e riscrivere tutto al plurale:

padre — il padre — i padri

1. paese	11. mano
2. isola	12. pino
3. lago	13. sedile
4. limone	14. occasione
5. mela	15. vapore
6. amore	16. colazione
7. dolore	17. abitante
8. stazione	18. fiume
9. uomo	19. lezione
10. madre	20. bambino

Esercizio B

Mettere l'articolo quando è necessario:

1. .... Italia è bella. 2. .... California è grande. 3. .... Capri è una piccola isola. 4. .... Brasile è immenso. 5. .... Alpi sono in Italia. 6. .... Tevere passa per Roma. 7. .... Sicilia è un'isola grande. 8. .... Milano è una città industriale. 9. .... Mississipi passa per St. Louis. 10. .... Spagna è in Europa.

Esercizio C

Mettere le seguenti frasi al plurale:

1. Il medico è malato.
2. Il nemico è vicino.
3. Il dito di Bruno è pulito.
4. L'arancia al mattino è buona.
5. Il re è ricco, ma il paese è povero.
6. Questa università è famosa.
7. Il prologo è lungo, ma l'epilogo è breve.
8. L'amico di Andrea è alto.
9. L'amica di Cristina è bassa.
10. Lo zio di Carlo è simpatico.
11. La giacca di Maria è bianca.
12. L'uovo è cotto.
13. Questa radio è francese.
14. Il dentista è bravo.
15. Il bacio di Valentino è appassionato.
16. Il porco è sporco.
17. L'autobus è in ritardo.
18. L'albergo è grande.
19. Lo psicologo è paziente.
20. L'autista è sbadato.

introduzione
al verbo

6 Generalità

Nel verbo distinguiamo:

1. la persona (prima, seconda, terza)
2. il numero (singolare e plurale)
3. il modo (indicativo, congiuntivo, ecc.)
4. il tempo (presente, futuro, ecc.)
5. la voce (attiva e passiva)

Per facilitare il compito allo studente, e secondo un principio di difficoltà progressiva, presentiamo, uno alla volta, i tempi principali del modo indicativo. Ad eccezione dell'imperativo e del gerundio, rimandiamo la descrizione di tutti gli altri modi al volume II.

7 Modo indicativo

L'indicativo è il modo della certezza e della realtà. I tempi dell'indicativo sono: presente, futuro, futuro anteriore, imperfetto, passato prossimo, trapassato prossimo, passato remoto e trapassato remoto.

8 Il presente

Il presente indica:

a) un'azione o uno stato attuale:
   ho fame, tu *scrivi*, Antonio *parla*

b) un'azione o uno stato attuale che si ripete, per es. un'attività professionale:
   noi *leggiamo* sempre il giornale, *lavorano* in città, Mario *è* architetto

c) un fatto che si avvera sempre:
   le stagioni si *alternano*, il tempo *passa* velocemente

d) una verità di carattere generale, un proverbio o una sentenza, una citazione d'autore:

> il tempo *è* denaro, chi *va* piano *va* sano e *va* lontano, Dante *dice* . . ., Leonardo *scrive* . . .

e) un fatto incominciato nel passato e che continua al presente (vedi capitolo Preposizioni, nota 26):

> *piove* da tre giorni, *studio* da molti anni

f) un fatto futuro imminente:

> *torno* domani, *partiamo* questa sera

Nel presente, come in tutti gli altri tempi, distinguiamo: a) la forma diretta – *lui mangia*; b) la forma interrogativa – *mangia lui?*; c) la forma negativa – *lui non mangia*; d) la forma interrogativa-negativa – *non mangia lui?* (vedi paragrafi 18-21).

9 Ausiliari *essere* e *avere*

Presente indicativo

	Essere	*Avere*
io[6]	sono	ho
tu	sei	hai
lui, lei ⎱ Lei[7] ⎰	è	ha
noi	siamo	abbiamo
voi	siete	avete
loro ⎱ Loro[8] ⎰	sono	hanno

Carlo *è* un uomo, Teresa *è* una donna, loro *hanno* quattro figli; *ho* un fratello; *abbiamo* un'automobile; Pia e Maria *sono* due bambine.

10 Frasi idiomatiche

avere fame	'to be hungry'
avere sete	'to be thirsty'
avere freddo, caldo	'to be cold, hot'

[6] *Io, tu, noi*, ecc. . . . sono pronomi personali, vedi paragr. 45.
[7] *Lei* è forma di deferenza o rispetto che usiamo con persone che non conosciamo.
[8] *Loro* è forma di deferenza come *Lei*.

avere sonno	'to be sleepy'
avere 20, 30, 46 anni	'to be 20, 30, 46 years old'
avere paura di	'to be afraid of'
avere bisogno di	'to be in need of'
avere torto, ragione	'to be wrong, to be right'

Quando c'è molto sole, *ho caldo*.
Quando c'è poco sole, *ho freddo*.
A mezzogiorno *ho fame*, ma non *ho sete*.
A mezzanotte Claudio *ha sonno*.
Maria *ha dodici anni*.
L'America è piccola: *ho torto* e non *ho ragione*.
I bambini non *hanno paura* dei cani.
Gli uomini *hanno bisogno* delle donne.

11 Uso del verbo *essere* con *ci* e *vi* [9]

C'è (< **ci è**), **ci/vi sono** corrispondono all'inglese *there is, there are*.

In classe *ci sono* molti studenti.
A Stanford *c'è* una chiesa.
A Roma *c'è* il Colosseo.
A Firenze *ci sono* molti monumenti.

Da notare le seguenti espressioni con il verbo *essere*:

è presto	è tardi
(io) sono in ritardo	(io) sono in anticipo
	sono puntuale
	sono in orario

12 Verbi regolari

In italiano i verbi sono definiti "regolari" e "irregolari"; ci sono 3 gruppi di verbi regolari. Usiamo come esempi 4 verbi — uno per il primo, uno per il secondo, e due per il terzo gruppo — che d'ora in poi chiameremo "verbi modello":

parl-are   cred-ere   fin-ire   part-ire

N.B.   Dei verbi in -*ire* alcuni usano nella coniugazione un infisso -*isc*- tra la radice *fin*- e la desinenza -*o*, -*i*, ecc. Elenchiamo alcuni dei più comuni:

---

[9] Per *ci* e *vi* vedi paragr. 47.

arrossire	'to blush'	preferire	'to prefer'
attribuire	'to attribute'	proibire	'to prohibit'
capire	'to understand'	pulire	'to clean'
costruire	'to build'	punire	'to punish'
dimagrire	'to lose weight'	rapire	'to kidnap'
diminuire	'to diminish'	restituire	'to give back'
garantire	'to guarantee'	riferire	'to refer'
guarire	'to recover'	sostituire	'to substitute'
impallidire	'to turn pale'	tradire	'to betray'
obbedire	'to obey'		

"Regolari" significa che tutti i verbi in -*are, -ere, -ire,* si coniugano in modo conforme al verbo modello. "Irregolari" significa che la coniugazione presenta modifiche o nella radice o nella desinenza del verbo.

Il presente indicativo dei verbi modello dei tre gruppi regolari è:

I Gruppo	*II Gruppo*	*III Gruppo*	
parl-**o**	cred-**o**	fin-**isc-o**	part-**o**
parl-**i**	cred-**i**	fin-**isc-i**	part-**i**
parl-**a**	cred-**e**	fin-**isc-e**	part-**e**
parl-**iamo**	cred-**iamo**	fin-**iamo**	part-**iamo**
parl-**ate**	cred-**ete**	fin-**ite**	part-**ite**
parl-**ano**	cred-**ono**	fin-**isc-ono**	part-**ono**

13 Esempi di verbi irregolari

I Gruppo

andare	*dare*	*fare*[10]
vado	do	faccio
vai	dai	fai
va	dà	fa
andiamo	diamo	facciamo
andate	date	fate
vanno	danno	fanno

[10] Si notino i seguenti costrutti idiomatici del verbo fare:

fa caldo ≠ fa freddo	'it is hot, it is cold'
fa bello ≠ fa brutto	'it is nice weather, it is bad weather'
si fa presto a dire, ecc.	'it is easier said than done'
si fa tardi	'it is getting late'
fare una passeggiata	'to take a walk'
fare una doccia	'to take a shower'
fare un bagno	'to take a bath'
fare colazione	'to have breakfast'

II Gruppo

bere	*sapere*
bevo	so
bevi	sai
beve	sa
beviamo	sappiamo
bevete	sapete
bevono	sanno

III Gruppo

dire	*venire*	*uscire*
dico	vengo	esco
dici	vieni	esci
dice	viene	esce
diciamo	veniamo	usciamo
dite	venite	uscite
dicono	vengono	escono

Loro *danno* i libri a Maria.
Noi *andiamo* a scuola ogni giorno.
Voi *venite* in classe sempre in orario.
Io *dico* sempre la verità, ma loro *dicono* molte bugie.
Oggi io *finisco* di scrivere il libro.
Quel ragazzo *arrossisce* facilmente.
Mi *piace* la panna.[11]
Mi *piacciono* i film italiani.[11]

14   Particolarità di alcuni verbi del I gruppo

a)   I verbi che all'infinito terminano con la sequenza grafica **-iare**, come *mang-iare*, *stud-iare*, *cominc-iare*, al presente fanno (vedi Fonologia pag. 23):

stud**io**	mang**io**	cominc**io**
studi	mangi	cominci
stud**ia**	mang**ia**	cominc**ia**
stud**iamo**	mang**iamo**	cominc**iamo**
stud**iate**	mang**iate**	cominc**iate**
stud**iano**	mang**iano**	cominc**iano**

---

[11]   Da notare la costruzione del verbo *piacere*: dove in inglese diciamo 'I like it', in italiano è 'something is pleasing to me' o 'many things are pleasing to me'; se il soggetto è plurale, anche il verbo è al plurale. Il presente di *piacere* è: *io piaccio, tu piaci, lui, lei, Lei piace, noi piacciamo, voi piacete, loro piacciono*. Le forme più usate sono quelle della terza persona singolare e plurale.

N.B.   I verbi con la -*i* accentata nella prima persona del presente come *spio* (da *spiare*), conservano questa -*i*: **tu spii** (vedi Fonologia pag. 23).

b) I verbi in -**care** e -**gare** non seguono la regola fonetica come a pag. 23 della Fonologia, invece conservano il suono [k] e [g] nella coniugazione;[12] il che risulta in una modificazione grafica nella seconda persona singolare e nella prima persona plurale:

cerco	spiego
cer**chi**	spie**ghi**
cerca	spiega
cer**chiamo**	spie**ghiamo**
cercate	spiegate
cercano	spiegano

Tu *cominci* a studiare ed io *finisco* di leggere.
Sei molto gentile: *paghi* sempre tu!
Cerchiamo un libro interessante.
Quando vediamo quei bambini, li *abbracciamo* e li *baciamo*.

15 Verbi riflessivi

I verbi riflessivi indicano un'azione che ricade sul soggetto stesso.[13] Nella coniugazione dei verbi riflessivi, le forme del verbo sono immediatamente precedute dai pronomi riflessivi.[14]

   *Io **lavo** l'automobile*   ma   *Io **mi lavo***

Nell'infinito di un verbo riflessivo il pronome riflessivo -**si** è aggiunto alla desinenza dell'infinito: *lavare* → *lavarsi*. Tutti i verbi transitivi (cioè, che hanno un oggetto diretto) possono essere riflessivi. Questi si coniugano come i "verbi modello":

I Gruppo	II Gruppo	III Gruppo	
lav-ar-si	*perd-er-si*	*pul-ir-si*	*vest-ir-si*
mi lavo	**mi** perdo	**mi** pulisco	**mi** vesto
ti lavi	**ti** perdi	**ti** pulisci	**ti** vesti
si lava	**si** perde	**si** pulisce	**si** veste
ci laviamo	**ci** perdiamo	**ci** puliamo	**ci** vestiamo
vi lavate	**vi** perdete	**vi** pulite	**vi** vestite
si lavano	**si** perdono	**si** puliscono	**si** vestono

[12] Per la formazione degli altri tempi di questi verbi, rimandiamo lo studente ai paragrafi dove presentiamo gli altri tempi dei verbi regolari.
[13] Questa categoria è la più comune. Rimandiamo al Volume II la spiegazione degli altri tipi di verbi riflessivi.
[14] Vedi paragr. 45 e segg.

Quando abbiamo sonno, *ci spogliamo* in fretta e *ci mettiamo* a letto.
Lui *si riposa* sempre di pomeriggio.
Mi sveglio presto al mattino e *mi addormento* tardi la sera.
D'estate non *mi abbronzo* facilmente.

16   Verbi modali

I verbi modali **potere, volere, dovere** generalmente precedono un infinito e modificano il suo significato

Io   *studio* tutte le sere.

$$\left.\begin{array}{l}\textit{devo}\\\textit{voglio}\\\textit{posso}\end{array}\right\}$$

Io   *voglio* } *studiare* tutte le sere.

Il presente indicativo dei verbi modali è:

potere	*volere*	*dovere*
posso	voglio	devo/debbo
puoi	vuoi	devi
può	vuole	deve
possiamo	vogliamo	dobbiamo
potete	volete	dovete
possono	vogliono	devono/debbono

Anche **sapere** può essere usato come modale perchè corrisponde in inglese sia a 'to be able to do something' — saper fare una cosa — che a 'to know a fact' — sapere un fatto.

Claudio *sa* guidare l'automobile.
Maria *sa* suonare[15] il trombone.
Io non *so* parlare il russo.

Io *so* che Paolo è brasiliano.
I miei studenti *sanno* che io sono italiana.
Marco *sa* che oggi c'é l'esame di storia.

N.B.   Per 'to be acquainted with a person or a place' usiamo il verbo **conoscere**.

Conosciamo tua sorella.
Non *conosco* San Francisco bene, ma *conosco* Los Angeles.

---

[15] *Suonare la chitarra, il piano*, ecc. corrisponde all'inglese 'to play the guitar, the piano, etc.'. *Giocare a tennis, a bridge*, ecc. corrisponde all'inglese 'to play tennis, bridge, etc.'.

17 Forma diretta

La forma diretta è usata nelle affermazioni.

> Io *sono* una donna.
> Noi *andiamo* all'università.
> *Ci sono* molte persone a Stanford.

18 Forma interrogativa

La forma interrogativa è usata nelle domande, ed è data o:

a) dall'intonazione della voce

> *Sei* una donna?
> *Andiamo* all'università?
> *Ci sono* molte persone a Stanford?

b) dalla posizione del soggetto che, contrariamente al solito, segue il verbo (SVO → VSO)

> *Sei tu* una donna?
> *Andiamo noi* a Stanford?
> *Ha Lei* un gatto?

La domanda può essere formulata anche con le forme *è vero?*, *non è vero?* in fine di frase.

> Vai al cinema stasera, *(non) è vero?*
> (Chi parla si aspetta una risposta affermativa).

19 Forma negativa

Nelle frasi negative la negazione precede il verbo.

> Tu *non sei* una donna.
> Noi *non andiamo* all'università.
> *Non ci sono* molte persone a Stanford.

20 Forma interrogativa-negativa

La forma interrogativa-negativa è usata nelle domande quando chi parla si aspetta una risposta affermativa.

> *Non sei* (tu) una donna?
> *Non andiamo* (noi) all'università?
> *Non ci sono* molte persone a Stanford?

Esercizio A

Completare con le forme dei verbi "essere" e "avere":

1. Noi .... studenti.
2. Tu .... una ragazza.
3. Teresa .... la madre di Pia.
4. Teresa e Carlo .... i genitori dei bambini.
5. Pia .... una sorella e due fratelli.
6. Teresa e Carlo .... quattro figli.
7. Voi .... intelligenti.
8. Io non .... americana.
9. L'Italia e la Germania .... due paesi.
10. Voi .... un libro d'italiano.
11. .... Lei un fratello?
12. No, io non .... un fratello, ma .... tre sorelle.
13. Noi .... una lezione d'italiano ogni giorno.
14. .... tu un libro di francese? No, io non .... un libro di francese, ma la mia amica e io .... un libro d'italiano.
15. Voi .... americani, ma .... un'insegnante italiana.
16. .... un uomo, Lei?
17. .... due donne voi?
18. A mezzanotte mio marito ed io .... sonno.
19. Quando voi .... freddo, mettete il soprabito.
20. Io .... molti amici, ma poco denaro.
21. Annamaria .... paura dei ragni.
22. Stanford .... un campanile.
23. Se .... caldo, io apro la finestra.
24. Se loro dicono che N.Rockefeller .... povero, loro .... ragione?
25. .... uno studente, tu?

Esercizio B

Formare delle frasi con i verbi "essere" e "avere" come dall'esempio:

gli studenti, americani → gli studenti sono americani.

1. Roberto, americano, ma, la moglie, italiana.
2. I signori Rossi, romani, e, quattro figli.
3. Gli studenti, in classe.
4. Claudio, ricco, e, una Ferrari.
5. Voi, una casa, a Los Altos.
6. Tu, un fratello.
7. I genitori di Maria, a Milano.
8. Noi, molti amici, a Roma.

9. I bambini, a casa.
10. Tu, non, fame, ma, molto sonno.

Esercizio C

Mettere al posto dell'infinito la forma appropriata del presente indicativo, come dall'esempio:

> stasera (io, cenare) al ristorante — stasera ceno al ristorante.

1. Oggi noi *restare* a casa, ma voi *uscire*.
2. Loro *abitare* a Palo Alto, ma *lavorare* a San Francisco.
3. Voi *cercare* un nuovo libro, mentre noi *cercare* una nuova automobile.
4. Io *divertirsi* quando *andare* al cinema con i miei amici.
5. Voi *cominciare* ad annoiarmi.
6. Tu *giocare* sempre con Claudio.
7. Gli architetti italiani *costruire* bellissime case.
8. Tu *preferire* caffè o tè?
9. Lui *ascoltare* sempre la radio, ma i bambini *guardare* la televisione.
10. Come *chiamarsi*, Lei?
11. Voi *lasciare* sempre la finestra aperta e noi *prendere* il raffreddore.
12. Carlo *dire* che Marisa *arrivare* domani.
13. Tu *mangiare* molto, ma *bere* poco.
14. Loro *dormire* poco e *lavorare* molto.
15. Noi *parlare* agli studenti ogni giorno.

Esercizio D

Mettere al posto dell'infinito la forma appropriata del presente indicativo:

La mattina *fare* colazione e poi *fare* il mio letto. *Guardare* che tempo *fare*; se piove, *avere* bisogno dell'impermeabile, se *fare* freddo, *prendere* il cappotto. Generalmente *andare* a Stanford in macchina, qualche volta *desiderare* camminare. Se *essere* bel tempo, senza vento, mi *piacere* fare una lunga passeggiata, *fare* bene alla salute. Quando *arrivare* all'università, *incontrare* i miei amici e li *salutare*; spesso noi *avere* le stesse lezioni. Qualche volta loro *trovare* che la lezione *essere* difficile; io *trovare* la lezione di storia sempre interessante. A mezzogiorno *andare* a mangiare al ristorante; altrimenti *comprare* un panino e lo *mangiare* seduta sul prato. Quando *venire* il periodo degli esami *passare* tutto il pomeriggio in biblioteca. La sera *invitare* i miei amici a venire da me, noi *chiacchierare* e *ascoltare* dei dischi. Roberto *suonare* la chitarra e noi *cantare* tutti insieme. Quando c'è un buon programma *guardare* la televisione; qualche volta *leggere* un libro o *scrivere* delle lettere.

Esercizio E

Completare con le forme appropriate dei seguenti verbi riflessivi:

1. Voi *alzarsi* presto al mattino.
2. Noi *truccarsi* bene.
3. Gli studenti *divertirsi* nella classe d'italiano.
4. Io *annoiarsi* molto alle conferenze del Prof. Smith.
5. I ragazzi di dieci anni *lavarsi*, *pettinarsi* e *vestirsi*, mentre i ragazzi di diciotto anni *radersi* anche.
6. Gli amici di Francesco *addormentarsi* presto.
7. Il Colosseo *trovarsi* a Roma, ma noi *trovarsi* in California.
8. Anche quando gli studenti fanno molte domande, l'insegnante, che ha molta pazienza, non *irritarsi* mai.
9. Io *svegliarsi* presto, ma gli studenti *svegliarsi* tardi.
10. Claudio *sposarsi* domani.

Esercizio F

Completare con le forme appropriate dei seguenti verbi modali:

1. Una buona madre *dovere* avere molta pazienza.
2. Se gli studenti *volere* imparare bene l'italiano, *dovere* venire ogni giorno in classe.
3. *Volere* Lei andare in Italia?
4. Marco, *volere* caffè o tè? Grazie, *volere* soltanto un po' d'acqua.
5. Quando noi *volere* visitare un paese straniero, *dovere* imparare la lingua del paese, così *potere* parlare con gli abitanti.
6. Scusi, *potere* ripetere, per favore?
7. Lui *sapere* suonare la chitarra, ma io *sapere* cantare.
8. Loro non *potere* venire stasera?
9. Quell'uomo *conoscere* Firenze bene, ma non *sapere* l'italiano.
10. Dina e Franco *volere* visitare molti paesi europei.

Esercizio G

Scrivere cinque frasi con il verbo "volere", cinque con il verbo "potere" e cinque con il verbo "dovere".

Esercizio H

Ricostruire la frase come dall'esempio:

       lettera una scrivere vuoi? — vuoi scrivere una lettera?

1. Molto io viaggiare voglio.
2. Può lingue parlare molte.

3. Un i devono bambini buoni essere se premio avere vogliono.
4. Bussare sempre prima entrare di dobbiamo.
5. Molte se lavorare comprare dovete volete cose.

Esercizio I

Rispondere alle seguenti domande:

1. Sei americano?
2. Cristoforo Colombo è spagnolo?
3. Hai cugini?
4. Studi l'italiano, non è vero?
5. Stanford è in Oregon?
6. Volete un'automobile sportiva?
7. Ci sono alberi nel deserto?
8. Il Colosseo si trova a Roma?
9. L'Italia è una repubblica, è vero?
10. Fa caldo in Alaska?
11. Sai parlare il francese?
12. Scrivi molte lettere?
13. Vai a scuola ogni giorno?
14. Arrivi sempre puntuale agli appuntamenti?
15. Non parti stasera, vero?
16. Sei nato in Italia?

Esercizio L

Descrivere la classe d'italiano.

gli aggettivi

21 Aggettivi

In italiano ci sono vari tipi di aggettivi:

a) aggettivi che indicano una qualità:
    buono, alto, grande, ecc.

b) aggettivi che indicano un colore:
    giallo, rosso, verde, ecc.

c) aggettivi che indicano una quantità:[16]
    molto, tanto, poco, numerosi, ecc.

d) aggettivi dimostrativi:
    questo, quello.[17]

e) aggettivi numerali — cardinali e ordinali:
    uno, due, tre, quattro, dieci, cento, ecc.
    primo, secondo, terzo, undicesimo, ecc.

f) aggettivi interrogativi:
    che, quanto, quale.

g) aggettivi possessivi:
    mio, tuo, nostro, vostro, loro, ecc.

Tutti gli aggettivi — ad eccezione dei numerali da 2 in poi (vedi paragr. 25) — concordano con il sostantivo in **genere** e **numero**:

il bambin**o** buon**o**	i bambin**i** buon**i**
la cas**a** piccol**a**	le cas**e** piccol**e**
un figlio	tre figli
una figlia	quattro figlie

Gli aggettivi che indicano una **qualità**[17] o un **colore** generalmente

---

[16] Per il completo elenco vedi tabella paragr. 69, pag. 111.

[17] *Bello* generalmente precede il sostantivo. *Bello* e *quello* seguono le regole dell'articolo determinato: *un bell'albero, una bell'opera, un bel quadro, bei bambini*, ecc.; *quello studente, quegli studenti, quel libro, quei libri, quella donna, quelle donne*, ecc. Quanto sopra però non si verifica quando *bello* e *quello* 1) sono usati in funzione predicativa, 2) seguono il sostan-

seguono il sostantivo; gli aggettivi **dimostrativi**, **numerali** e quelli che indicano una **quantità** generalmente **precedono** il sostantivo.

> Pia è una bambina *piccola*.
> L'albero ha le *foglie verdi*.
>
> Questo libro ha *cento pagine*.
> Carlo ha *numerosi figli*. (*Numeroso* segue con i nomi collettivi: *un gregge numeroso*).

Gli aggettivi che indicano **qualità**, **nazionalità**,[18] **colore** e gli aggettivi **dimostrativi** hanno o quattro forme (due per il maschile, sing. e pl., e due per il femminile, sing. e pl.) o due forme (una per il maschile e femminile sing. e una per il maschile e femminile pl.)

il figlio alto	i figli alti
la ragazza americana	le ragazze americane
la rosa rossa	le rose rosse
questa casa	queste case
il bambino ⎫ intelligente	i bambini ⎫ intelligenti
la bambina ⎭	le bambine ⎭

22 Aggettivi di quantità

Gli aggettivi di quantità[19] più comuni sono:

poco → pochi, poca → poche; tanto → tanti, tanta → tante; troppo → troppi, troppa → troppe; quanto → quanti, quanta → quante; numeroso → numerosi, numerosa → numerose; assai, abbastanza (invariabili), ecc.

> Io ho poco sonno.
> Voi avete pochi amici.
> Loro hanno assai denaro.
> Tu hai abbastanza libri.

23 Aggettivi di colore

Gli aggettivi di colore più comuni sono:

rosso, -a → rossi, -e; bianco, -ca → bianchi, -che; nero, -a → neri, -e; grigio, -gia → grigi, -gie; azzurro, -a → azzurri, -e; giallo, -a → gialli, -e; verde → verdi; celeste → celesti.

---

tivo: *questi alberi sono belli; gli alberi belli abbondano in California.*
[18] Elenchiamo alcuni degli aggettivi di nazionalità: *americano* (abitante dell'America, Stati Uniti), *cinese* (Cina), *francese* (Francia), *giapponese* (Giappone), *inglese* (Inghilterra), *italiano* (Italia), *russo* (Russia), *spagnolo* (Spagna), *tedesco* (Germania), *svizzero* (Svizzera).
[19] Per il completo elenco vedi tabella, paragr. 69, pag. 111.

Alcuni aggettivi di **colore** sono **invariabili**:

viola, rosa, blu, beige; marrone e *arancione* sono invariabili, ma nell'uso comune possono anche avere la forma del plurale in -*i*.

un vestit**o** giallo		le scarpe viola
due cilieg**e** ross**e**	*ma*	le rose rosa
una cas**a** bianc**a**		i cieli blu
tanti fior**i** azzurr**i**		

24   Aggettivi interrogativi

Gli aggettivi interrogativi sono: **che** (invariabile), **quale, -i, quanto, -i, -a, -e**; usiamo questi aggettivi nelle domande.

Che ora è? *Che* ore sono?
Quanti figli ha Carlo?
Quali lingue parli?

25   Aggettivi numerali

I due tipi più comuni sono a) i numerali cardinali e b) i numerali ordinali.

a)   Numerali **cardinali**

uno		undici
due		dodici
tre		tredici
quattro	+ dieci → **-dici**	quattordici
cinque		quindici
sei		sedici
sette		diciassette
otto	+ dieci → **dici(a)-**	diciotto
nove		diciannove
dieci		venti

+ uno → ventuno
+ due → ventidue
+ tre → ventitre
+ otto → ventotto
+ nove → ventinove

trenta

Da trenta in poi i numerali seguono il modello di *venti*. Le decine sono: *quaranta, cinquanta, sessanta, settanta, ottanta, novanta, cento*. Da cento in poi: *centouno, centodue*, ecc. Il plurale di *mille* (1000) è -*mila: duemila, tremila*, ecc.

Numeri complessi

814	ottocentoquattordici
1321	milletrecentoventuno
1976	millenovecentosettantasei

Per i secoli

dal 1200 al 1299	=	il duecento
dal 1500 al 1599	=	il cinquecento
dal 1900 al 1999	=	il novecento

In che anno siamo? Siamo nel 1976.

Quella ragazza è molto ricca: ha *trenta* pantaloni, *venticinque* camicette e *quarantatrè* vestiti.

In questo campo ci sono *duemilacinquecentotrenta* alberi.

b) Numerali **ordinali**

A differenza dei numerali cardinali, gli ordinali hanno le quattro forme del maschile, femminile, singolare e plurale, e sono:

I	primo → -i, -a → -e
II	secondo → -i, ecc.
III	terzo
IV	quarto
V	quinto
VI	sesto
VII	settimo
VIII	ottavo
IX	nono
X	decimo
XI	undicesimo*
XII	dodicesimo
XX	ventesimo
XXX	trentesimo
L	cinquantesimo
C	centesimo
D	cinquecentesimo
M	millesimo

*Dall'undicesimo in poi gli ordinali si formano aggiungendo il suffisso **-esimo** al numerale cardinale che perde però la vocale finale:

undici	undic**esimo**
diciassette	diciassett**esimo**
diciotto	diciott**esimo**
venti	vent**esimo**
trenta	trent**esimo**, ecc.

N.B.   Usiamo gli ordinali per indicare a) le parti di un libro, di un'opera, di un film: *il secondo capitolo, la terza scena,* ma anche *capitolo secondo, scena terza*; e b) re e papi: *Paolo Sesto, Enrico Ottavo, Elisabetta Seconda.* Gli ordinali generalmente precedono il sostantivo, ad eccezione di re e papi.

26   I gradi dell'aggettivo

I gradi dell'aggettivo sono: il comparativo e il superlativo.

a)   Il **comparativo** ('as . . . as, more . . . than, less . . . than') stabilisce un paragone tra due termini:

se	Francesco ha dodici anni,	
	Maria ha dodici anni e	
	Pia ha cinque anni,	
allora	Francesco è **tanto** grande **quanto** Maria	*(uguaglianza)*
	Maria è **più** grande **di** Pia	*(maggioranza)*
	Pia è **meno** grande **di** Maria	*(minoranza)*

N.B.   Se Francesco è il fratello di Maria e Pia, allora:

Francesco è tanto grande quanto la sorella.
Maria è più grande della sorella.
Pia è meno grande della sorella.

Da notare che con i nomi propri (ed anche i pronomi) non usiamo l'articolo.

Nei comparativi di maggioranza e di minoranza il termine di paragone può essere introdotto anche da **che** quando il paragone si verifica fra **due** qualità, condizioni, valori, ecc. relativi ad **un solo** soggetto (come illustrato nel diagramma). Questo avviene con aggettivi, avverbi, verbi e frasi.

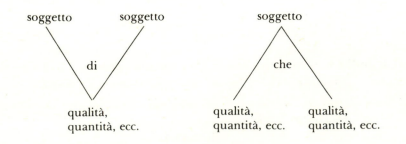

Una torre è *più* alta *che* larga.
Meglio tardi *che* mai.
Quest'albero ha *più* foglie *che* rami.
L'inverno è *meno* freddo in California *che* in Italia.

N.B. Il comparativo degli avverbi si forma come segue:

Paola parla *più lentamente di* me.
Lui lavora *più accuratamente che intelligentemente*.

b) **Il superlativo**. Distinguiamo due tipi di superlativo:

1) **assoluto**, che esprime il massimo grado di una qualità e non ha termine di paragone.

È un edificio *altissimo* (molto alto).
Lui ama una donna *simpaticissima* (molto simpatica).

2) **relativo**, che può essere di maggioranza o di minoranza e che esprime il massimo grado di una qualità o di una quantità ed ha un termine di paragone.

Quell'edificio è *il più/meno* alto della città.
Quella ragazza è *la più/meno* simpatica delle mie amiche.

Il **superlativo assoluto** si forma:

1) aggiungendo il suffisso **-issimo, -i, -a, -e**, alla radice dell'aggettivo: *facil-**issimo**, alt-**issimo***
2) premettendo all'aggettivo gli avverbi: *molto, assai, oltremodo, estremamente*, ecc.: *molto facile, assai scomodo, oltremodo imbarazzante*.
3) ripetendo l'aggettivo: *facile, facile; alto, alto*
4) con i prefissi *arci-, ultra-, stra-, super-*, ecc.: *arcistanco, superbuono, ultrafacile*
5) con un altro aggettivo per rafforzare la qualità: *pieno zeppo, stanco morto, ubriaco fradicio*.

N.B. Questi ultimi sono usati nel linguaggio corrente e sono considerati espressioni idiomatiche.

Da notare il superlativo assoluto dei seguenti aggettivi modello: *celebre – celeberrimo; benefico – beneficentissimo; malevolo – malevolentissimo*.

Il superlativo relativo si forma premettendo al comparativo di maggioranza o di minoranza l'articolo. Il termine di paragone è introdotto dalla preposizione **di (tra, fra)**.

L'America è *la* più ricca delle nazioni.

ma   L'America è *la* nazione più ricca *del* mondo.

Carlo è *il* più intelligente *tra (fra)* i suoi amici.

27 Comparativi e superlativi irregolari

	comparativo	superlativo relativo	superlativo assoluto
buono	migliore	il/la migliore i/le migliori	ottimo, -i, -a, -e
cattivo	peggiore	il/la peggiore i/le peggiori	pessimo, -i, -a, -e
grande	maggiore	il/la maggiore i/le maggiori	massimo, -i, -a, -e
piccolo	minore	il/la minore i/le minori	minimo, -i, -a, -e

Questi aggettivi hanno anche le forme regolari: *buono, più buono, buonissimo*, ecc.

Le forme avverbiali sono:

bene	meglio	benissimo, ottimamente, molto bene
male	peggio	malissimo, pessimamente, molto male

28 Aggettivi possessivi

Gli aggettivi possessivi precedono sempre il sostantivo e vogliono sempre l'articolo. Gli aggettivi possessivi sono:

Mas.		Fem.	
sing.	*pl.*	*sing.*	*pl.*
il mio	i miei	la mia	le mie
il tuo	i tuoi	la tua	le tue
il suo/Suo	i suoi/Suoi	la sua/Sua	le sue/Sue
il nostro	i nostri	la nostra	le nostre
il vostro	i vostri	la vostra	le vostre
il loro/Loro	i loro/Loro	la loro/Loro	le loro/Loro

N.B.   È molto importante notare che gli aggettivi possessivi hanno, come tutti gli aggettivi, il genere del nome che qualificano: non hanno il genere naturale[20] della persona a cui si riferiscono; anche una ragazza dice *il mio libro*.

Con le parole che indicano un membro della famiglia al singolare non usiamo l'articolo davanti all'aggettivo possessivo; eccezione: *loro* (che è invariabile) usa sempre l'articolo.

il mio libro	*i miei* libri
mio fratello	*i miei* fratelli
il loro appartamento	*i loro* appartamenti
la loro sorella	*le loro* sorelle

Esercizio A

Completare le seguenti frasi:

1. Ho una penna ross.... e giall.... .
2. La giacca di Alfredo è bianc.... .
3. Noi siamo molto intelligent.... .
4. La FIAT è piccol.... e comod.... .
5. L'insegnante è italian.... .
6. L'amico di Giovanni è frances.... .
7. Gli alberi sono sempre verd.... in California.
8. In giardino c'è poc.... erba, ma ci sono tant.... fiori.
9. Quest.... città sono famos.... .
10. Que.... film sono orribil.... .
11. Le scarpe marron.... sono strett.... .
12. Ho due golf ros.... .
13. Non abbiamo molt.... soldi.
14. Tu hai molt.... nemici e poc.... amici.

Esercizio B

Completare le seguenti frasi usando gli aggettivi interrogativi:

1. .... figli ha Teresa?
2. .... libro leggi?
3. .... persone ci sono in piscina?
4. .... vestito porta Maria oggi?
5. .... tipo di donna è Giovanna?

[20] Per la spiegazione del genere naturale vedi paragr. 3,A.1.

6. .... bicchieri sono sulla tavola?
7. Con .... amici vai al cinema stasera?
8. Con .... soldi esci?
9. .... studenti sono in classe oggi?
10. .... anni hai?

Esercizio C

Formare delle frasi con il comparativo (più di, meno di, tanto .... quanto):

1. Alpi Appennini alte.
2. California Italia grande.
3. Italia settentrionale Italia meridionale industriale.
4. Genitori nonni vecchi.
5. Gatti cani simpatici.
6. Leone tigre feroce.
7. Mio fratello me piccolo.
8. Italiano chimica difficile.

Esercizio D

Formare delle frasi con il superlativo relativo:

1. Dante poeti italiani grande.
2. Milano città italiane ricca.
3. Questo studente classe bravo.
4. Quel ristorante città buono.
5. Po fiume Italia lungo.
6. Italia nazione Europa bella.

Esercizio E

Mettere gli aggettivi dell'esercizio D al superlativo assoluto.

Esercizio F

Mettere gli aggettivi possessivi "suo" e "loro" davanti alle seguenti parole:

1. .... figlio
2. .... madre
3. .... amica
4. .... nomi
5. ....fratelli

6. ....padre
7. .... sorelle
8. .... vestito
9. .... libri
10. .... orologio

Esercizio G

Completare le seguenti frasi usando la forma appropriata dell'aggettivo possessivo:

1. Abitiamo in una bella casa. .... casa è nuova.
2. Tu hai uno zio. .... zio è ricco.
3. Loro hanno due automobili. .... automobili sono veloci.
4. Io ho un cane. .... cane è intelligente.
5. Maria ha due figli. .... figli sono simpatici.
6. Maria mette molte parrucche. .... parrucche sono belle.
7. Voi avete molti amici. .... amici sono stravaganti.
8. Annamaria e suo fratello hanno i genitori anziani. .... genitori sono in Italia.
9. Ci piacciono i vestiti delle donne italiane. .... vestiti sono eleganti.
10. Invitiamo gli amici di Carlo a cena. .... amici sono spagnoli.
11. Ha una sorella a Londra. .... sorella studia a Oxford.
12. Ho molti libri d'arte. .... libri sono antichi e famosi.
13. Tu hai molte cugine. Sono sposate .... cugine?
14. Voi avete molti quadri. .... quadri sono di gran valore.
15. Non abbiamo più nonni. .... nonni sono morti.

Esercizio H

Scrivere un componimento su uno dei seguenti soggetti: a) una persona della famiglia, b) un caro amico.

il calendario

29 I mesi dell'anno

In un anno ci sono dodici mesi. Essi sono: *gennaio, febbraio, marzo, aprile, maggio, giugno, luglio, agosto, settembre, ottobre, novembre, dicembre.*

alla domanda	Qual'è la data di oggi?
	Quanti ne[21] abbiamo?
la risposta è	È il 23 settembre.
	Ne abbiamo 23.
	È il primo novembre.
	Ne abbiamo uno.

N.B. Per indicare il primo giorno del mese si usa il numerale ordinale.

In un anno ci sono quattro stagioni. Esse sono: *la primavera, l'estate* (fem.), *l'autunno* (mas.), *l'inverno* (mas.). Da notare le espressioni: *in/di primavera, estate, autunno, inverno.*

30 I giorni della settimana

In un anno ci sono 52 settimane. In una settimana ci sono sette giorni. Essi sono: *lunedì, martedì, mercoledì, giovedì, venerdì, sabato* e *domenica.* (Da notare che in italiano la settimana comincia con il lunedì).

alla domanda	Che giorno è oggi?
	Che giorno era ieri?
	Che giorno sarà domani?
la risposta è	Oggi è lunedì.
	Ieri era domenica.
	Domani sarà martedì.

[21] Particella pronominale — vedi paragr. 47.

Da notare l'espressione: *il lunedì vado alla lezione di chimica,* **il** *sabato vado a ballare*, che indica *ogni lunedì, ogni sabato*.
Il giorno di dodici ore più la notte di dodici ore formano un giorno di ventiquattro ore.

31 Modi di dire l'ora

alla domanda	Che ora è? *o* Che ore sono?
la risposta è	Sono le nove. (9:00)
	Sono le undici, ecc.
ma	È mezzogiorno. (12:00 'noon')
	È mezzanotte. (12:00 'midnight')
	È (*raro* sono) l'una.

In un'ora ci sono sessanta minuti. Per le frazioni dell'ora diciamo:

Sono le undici e dieci. (11:10)
Sono le tre e venti. (le 3:20, o le 15:30 se di pomeriggio)
Sono le quattro e quaranta. *o* Sono le cinque meno venti. (4:40)
È mezzogiorno e un quarto. (12:15)
Sono le cinque e tre quarti. *o* Sono le sei meno un quarto. (5:45)

Quindici minuti sono un quarto d'ora.
Trenta minuti sono mezz'ora.
Quarantacinque minuti sono tre quarti d'ora.

alla domanda	A che ora vai a scuola?
la risposta è	Vado a scuola alle nove.
alla domanda	A che ora torni a casa?
la risposta è	torno a casa a mezzogiorno
	a mezzanotte
	all'una
	alle diciannove.
alla domanda	Quanto dura la lezione d'italiano?
la risposta è	Dura un'ora, dalle nove alle dieci
	dalle undici a mezzogiorno
	dall'una alle due.

In un giorno distinguiamo tre parti:
la mattina	dall'alba a mezzogiorno
il pomeriggio	da mezzogiorno alla sera (6:00 o 7:00 p.m.)
la sera	dalla fine del pomeriggio all'inizio della notte.

Da notare le espressioni: *di mattina, la mattina* (anche *al mattino, il mattino*) 'in the morning', *di/il pomeriggio, di/la sera*.

> *Al mattino* ci svegliamo presto, purtroppo!
> Noi stiamo sempre a casa *di sera*.
> *Di pomeriggio*, di solito, bevo un tè.
> Mi piace passeggiare a Roma *di notte*.

Esercizio A

Rispondere alle seguenti domande:

1. Quando sei nato/a?
2. Qual'è la data di oggi?
3. In che anno siamo?
4. A che ora comincia la lezione?
5. Cosa fai a mezzogiorno? e a mezzanotte?
6. Quali e quanti sono i giorni della settimana?
9. Quanti giorni ci sono in un anno?
10. Che ore sono?
11. Quando comincia l'estate? e quando finisce?
12. Quali e quante sono le parti del giorno?
13. Di solito, a che ora vai al cinema?
14. Che ore sono 15 minuti prima delle 14:00?
15. Quando c'è il sole? e la luna?

Esercizio B

Scrivere un componimento sulla tua stagione preferita.

gli avverbi

32 Avverbi

Gli avverbi sono invariabili e possono modificare il significato di un verbo, di un aggettivo o di un altro avverbio, o indicare una circostanza, un luogo, un tempo, un dubbio o una quantità.

> Io conosco Maria. (Come?) Io conosco Maria *bene*.
> Pia è piccola. (Quanto?). Pia è *molto* piccola.
> Lei parla *bene*. (Quanto?). Lei parla *molto bene*.

I vari tipi di avverbi sono elencati nello schema a pagina 64. Gli avverbi si formano anche dagli aggettivi aggiungendo il suffisso **-mente** all'aggettivo — se questo ha una terminazione unica per il maschile e il femminile *(-e)* — o al femminile dell'aggettivo a due terminazioni *(-o, -a)*. Gli aggettivi che terminano in **-le** e **-re** perdono la *e* finale davanti al suffisso *-mente*.

> forte - forte**mente**
> veloce - veloce**mente**
>
> attento - attenta - attent**amente**
> magnifico - magnifica - magnific**amente**
>
> probabile - probabi**lmente**
> facile - faci**lmente**
> particolare - particola**rmente**
> esemplare - esempla**rmente**

AVVERBI

LOCATIVI	TEMPORALI	QUALITATIVI	QUANTITATIVI	MODALI	AGGIUNTIVI	INTERROGATIVI [22]
qui	presto	bene	alquanto	infatti	anche	perchè
lì	tardi	male	assai	certo	pure	come
qua	ora	meglio	parecchio	forse	neanche	quando
là	allora	peggio	troppo	quasi	perfino	dove
dove	ancora	volentieri	molto	proprio	inoltre	ecc.
dentro	subito	ecc.	poco	sicuro	altresì	
fuori	spesso		più	ecc.	ecc.	
vicino	quando		meno			
ecc.	ecc.		ecc.			

[22] Questi avverbi sono usati sia nelle frasi interrogative che nelle affermative e negative.

Esercizio A

Formare gli avverbi dai seguenti aggettivi:

1. Veloce
2. Utile
3. Lento
4. Ottimo
5. Difficile

Esercizio B

Rispondere alle seguenti domande usando un avverbio:

1. Come sta, Signor Bianchi?[23]
2. Quanto costa quella borsa?
3. Come va il treno?
4. Dov'è la Cina?
5. Dove abiti?
6. Quando vieni?
7. Dov'è il libro?
8. Quando torna qui tua madre?
9. Arriva domani Carlo?
10. Ti alzi presto o tardi?
11. Dove vai?
12. Come ti senti?
13. Quanto mangia Claudio?
14. Viaggiano spesso i Rossi?
15. Carlo sta male, tu come stai?

---

[23] *Signore* perde la *-e* finale (vedi Fonologia pag. 22) davanti ai nomi propri e ai titoli: *il Signor Conte, il Signor Smith*; *Signora* e *Signorina* restano invariati. Da notare, inoltre, l'uso dell'articolo davanti a *Signore, Signora, Signorina*, come segue: *La Signora Rossi è giovane, la Signorina Verdi ha due gatti*, ma *Buon giorno, Signora Rossi, Signorina Verdi, Signor Bianchi!*

le preposizioni

33 Preposizioni semplici

Nelle preposizioni semplici distinguiamo 1) le preposizioni proprie (*di, a, da in, con, per, su tra, fra*) e 2) le preposizioni avverbiali (tradizionalmente definite improprie) (*dentro, fuori, sopra, sotto, davanti, dietro*, ecc.). Le preposizioni semplici sono invariabili. Per facilitare il compito allo studente elenchiamo qui di seguito le preposizioni proprie secondo il loro uso:

1) Preposizioni proprie:

agente: **da**

> Il pranzo è preparato *da* mio marito.

causa: **di, per**

> Sono molto stanca, muoio *di* sonno.
> Lo fa *per* amore.

compagnia, unione: **con**

> Francesco va a scuola *con* gli amici.
> Parto *con* tutte le mie valige.

contenuto, argomento: **di, su**

> Beve una tazza *di* caffè.
> Leggo un libro *di* storia.
> Fa uno studio *su* Picasso.

distanza: **da, a**

> La casa dei Rossi è *a* 10 Km. *da* casa mia.
> La biblioteca è *a* cento metri *da* qui.

età, valore approssimato: **su, per, di**

> Quel bambino deve avere *sui*[24] dieci anni.
> Va *per* i quaranta (anni).
> Vendiamo la casa *per* cinquanta milioni.
> È un uomo *di* mezz'età.

---

[24] Per l'uso della preposizione + articolo, vedi il paragr. successivo.

limitazione: **in**

> Gli studenti sono bravi *in* italiano.
> Siamo soltanto *in* tre.

essere/andare in un luogo: **a, in, per, su, tra**

> Tu sei *a* casa.
> Emma va *a* Roma.
> I Rossi abitano *in* città.
> L'Italia è *in* Europa.
> Domani parto *per* l'Italia.
> Il tappeto è *sul*[24] pavimento.
> Il gatto sale *sull'*[24]albero.
> La nostra casa è *tra* gli alberi.

essere/andare in un luogo con persona: **da**

> Io vado/sono *dal*[24] dottore.
> Io sono *da* mia zia.

andare attraverso un luogo: **per**

> Il treno passa *per* Milano.

materia: **di**

> A Roma ci sono molte statue *di* marmo.

mezzo: **a, in, con, per**

> Scrivo *a* macchina/*a* mano.
> Vado a scuola *in* automobile.
> Carlo scrive *con* la matita.
> Mandiamo il pacco *per* posta.

modo/maniera: **a, con, di, in**

> Vado a scuola *a* piedi.[25]
> Ascolto *con* attenzione.
> Torna a casa *di* corsa.
> I ragazzi arrivano *in* fretta.

oggetto indiretto: **a**

> Do un libro *a* mio padre.

origine, provenienza: **di, da**

> Io sono *di* Milano.
> Pietro viene *da* Napoli.

paragone: **di, tra (fra)**

> Pia è più giovane *di* Maria.
> La migliore *tra (fra)* le ragazze è lei.

possesso: **di**

> Questo libro è *di* Bruno.

---

[25] Le espressioni *a piedi, a cavallo*, ecc. possono essere considerate anche come espressioni avverbiali di mezzo.

qualità: **di, da**

> Oggi tu sei *di* cattivo umore.
> *Da* giovane, Antonio faceva molto sport.

scopo: **da, in, per**

> Ha molti abiti *da* sera.
> Quando sono in pericolo, chiamo gli amici *in* aiuto.
> Mangiamo *per* vivere e non viviamo *per* mangiare.

tempo: **di, a, da, in, per, tra (fra)**

> Viaggio sempre *di* giorno e mai *di* notte.
> Si alza *a* mezzogiorno.
> Studio l'italiano *da*[26] un mese.
> *In* autunno cadono le foglie.
> Ho un appuntamento *per* domani.
> Andrea parte *fra* (*tra*) tre giorni.

Alcune preposizioni sono usate con degli avverbi e formano così delle locuzioni prepositive come: *accanto a, vicino a, davanti a, di fronte a, fino a, lontano da, invece di, prima di, insieme con*.

> Lo studente è *vicino a* me.
> Vado a piedi *fino a* casa.
> Vengo io *invece di* mio fratello.
> Milano è *lontano da* Napoli.
> Mi aspettano *di fronte a* San Pietro.
> Arrivano *prima di* noi.
> Pranziamo *insieme con* i nostri amici.

2)   Preposizioni avverbiali

Mostriamo qui di seguito l'uso di alcune delle più comuni.

direzione: **verso, lungo**

> Vado *verso* la biblioteca.
> *Lungo* la strada ci sono molte case.

tempo: **verso, durante**

> Viene *verso* le 3:00.
> *Durante* la notte dormo.

esclusione: **tranne, eccetto, salvo**

> Tutti vanno al cinema *tranne/eccetto/salvo* me.

Altre preposizioni avverbiali sono: *circa, contro, davanti, dentro, dietro, dopo, fuori, intorno, presso, prima, senza, sopra, sotto*. Da notare in alcuni casi l'uso di due preposizioni:

> *prima di* noi; *davanti alla* casa; *sotto di* lui; *intorno al* parco

---

[26] Con la preposizione *da*, quando l'azione continua al presente, il verbo é sempre al presente e mai al passato.

Alcune preposizioni avverbiali possono essere usate anche come avverbi, cioè senza sostantivo.

> Il gatto è *sopra la sedia*.
> *ma* Lui è *sopra* 'upstairs'.

34 Preposizioni articolate

Quando le preposizioni **di**, **a**, **da**, **in**, **su** sono davanti all' articolo
definito, queste preposizioni si uniscono all'articolo e il nesso viene
scritto con una sola parola; per es. **di** + **il** → **del**.

	il	*i*	*lo/l'*	*gli/gl'*	*la/l'*	*le*
di	del	dei	dello/dell'	degli	della/dell'	delle
a	al	ai	allo/all'	agli	alla/all'	alle
da	dal	dai	dallo/dall'	dagli	dalla/dall'	dalle
in	nel	nei	nello/nell'	negli	nella/nell'	nelle
su	sul	sui	sullo/sull'	sugli	sulla/sull'	sulle

La copertina *del* libro è gialla. Le copertine *dei* libri sono gialle.
Do l'esame *allo* studente. Diamo gli esami *agli* studenti.
Il gatto scende *dalla* sedia. I gatti scendono *dalle* sedie.
Il pesce è *nell'*acquario. I pesci sono *negli* acquari.
L'uccello è *sul* ramo. Gli uccelli sono *sui* rami.

Diamo qui di seguito un elenco delle espressioni più comuni di frasi
prepositive che sono usate sia con i verbi di movimento (es.: *andare*) che
di stato (es.: *essere*).

a casa (in casa)   all'aeroporto
a piedi   al cinema
a scuola   al circo
a teatro   al lago
a Firenze (con tutti   al mare
    i nomi di città)   al parco
    all'università

in biblioteca   in aereo
in campagna   in autobus
in città   in automobile
in classe   in barca
in giardino   in bicicletta
in montagna   in treno
in Italia (con tutti i nomi di stati, continenti e nazioni)

da me, da lui, da loro, ecc.   dal barbiere
da Mario, da Francesco, ecc.   dal dentista
    dal dottore
    dal parrucchiere
    dalla sorella (amica, zia, ecc.)

35   Uso della preposizione articolata come partitivo

La preposizione **di** + **articolo definito** (al singolare e al plurale) indica una parte o una quantità o un numero indeterminati di persone, animali e cose. Per l'uso del partitivo al singolare o al plurale distinguiamo due categorie di sostantivi: a) numerabili, b) non numerabili.

a) Con i **numerabili** usiamo il partitivo sempre al plurale. Anche alcuni aggettivi di quantità, come *alcuni, -e, troppi, -e, molti, -e, pochi, -e,* ecc. hanno la funzione di partitivi. Questi ultimi hanno un significato più preciso della preposizione articolata.

> In classe ci sono *degli* studenti e *delle* studentesse.
> Allo zoo ci sono *degli* orsi bianchi.
> Allo zoo ci sono *alcuni* orsi bianchi.
> Abbiamo *delle* amiche francesi.
> Abbiamo molte/poche amiche francesi.

N.B.   *Qualche* è un'aggettivo indefinito invariabile usato come partitivo soltanto con i sostantivi numerabili al singolare ed ha il significato di 'a few'.

> Hai dei quadri moderni?   No, ma ho qualche quadro antico.
> Vorrei[27] conoscere qualche persona interessante.

b) Con i sostantivi **non numerabili** (come: *pane, tè, vino, acqua, denaro,* ecc.) e i **collettivi** (come: *gente, folla, roba,* ecc.), usiamo la preposizione articolata o un aggettivo di quantità, entrambi sempre al singolare, o l'espressione *un po' di*.

> Gli italiani mettono *dello* zucchero nel caffè.
> Vuole *del* vino?   No, grazie, preferisco *dell'*acqua.
> C'è *molta* gente al mare d'estate.
> Vorrei *un po' di* pane.
> Gli italiani bevono *poco* tè.

N.B.   Quando con alcuni sostantivi non numerabili al plurale usiamo il partitivo al plurale il significato cambia: *ho dei vini stranieri* vuol dire "diversi tipi di vino".

36   Uso del *ne* come partitivo

Ne[28] è un pronome che usiamo in relazione a un termine partitivo quando questo non è ripetuto.

> Avete dei *buoni amici*?   Si, *ne* abbiamo./No, non *ne* abbiamo.
> Quanti *anni* hai?   *Ne* ho venti.

---

[27] *Vorrei* 'I would like' è usato più comunemente di *voglio* 'I want' quando esprimiamo un desiderio.
[28] Per gli altri usi del *ne* vedi paragr. 47.

37 Omissione del partitivo

Non usiamo il partitivo:
a) in frasi negative

Non c'è pane.
Non ha amici.

b) nelle enumerazioni

In Italia ci sono molti alberi da frutta: limoni, aranci, ecc.

38 Le preposizioni più infinito

La preposizione **a** è usata:
a) con i verbi di movimento + infinito

Vado *a* studiare.
Usciamo *a* comperare un libro.

b) con i verbi: *cominciare, continuare, imparare, insegnare, riuscire* 'to succeed, to be able to', *mandare*

Gli studenti cominciano *a* capire, finalmente.
Loro continuano *a* ridere.
I bambini imparano *a* camminare a un anno.
Io vi insegno *a* parlare l'italiano.
Io riesco *a* fare tutto molto bene.
Mandiamo Pietro *a* comperare un chilo di zucchero.

La preposizione **di** è usata:
a) con le seguenti espressioni: *essere contento/felice, aver bisogno, aver tempo, aver voglia, aver intenzione, aver paura,* ecc.

Sono contenta *di* bere del buon vino.
Ha bisogno *di* dimagrire perchè è grasso.
Non abbiamo tempo *di* scherzare.
Non ho voglia *di* studiare.
Ha intenzione *di* comperare una macchina.
Ho paura *di* sbagliare.

b) con i verbi: *cercare, credere, decidere, dimenticare, dire, dispiacere, fingere, finire, pensare, pregare, ricordarsi, smettere, sperare, tentare,* ecc.

Cerco sempre *di* controllarmi.
Crede *di* sapere tutto.
Decide *di* laurearsi in filosofia.
Dimentica sempre *di* studiare.
Diciamo a Pia *di* lavarsi le mani.
Mi dispiace *di* non andare a San Francisco.

Finge *di* non capire.
Finiamo *di* leggere quel capitolo.
Pensate *di* uscire questa sera?
Prego Andrea *di* accompagnarmi all'aeroporto.
Mi ricordo *di* prendere la valigia prima di partire.
Smetti *di* fare lo stupido!
Speriamo *di* andare in Italia questa estate.
Voi temete *di* essere in ritardo.
Tenta inutilmente *di* capire.

Non usiamo preposizioni:

a) con le seguenti espressioni:[29] *bisogna, è necessario, è bello, è oppor-tuno, è utile, è inutile*, ecc.

Bisogna sempre dire la verità.
È necessario chiedere informazioni.
È bello avere degli amici intelligenti.

b) con i verbi: *amare, desiderare, dovere, lasciare, piacere, potere, prefe-rire, sapere, volere*, ecc.

Amo[30] passeggiare al tramonto.

Esercizio A

Completare le seguenti frasi con le preposizioni semplici:

1. La casa .... Annamaria è grande e bella.
2. Dove sei .... mezzogiorno? Sono .... casa.
3. Voi andate .... città ogni lunedì.
4. Quando il tempo è bello, io sono .... buon umore.
5. Elena scrive .... suo padre.
6. La casa .... Carlo è .... cento metri .... qui.
7. Ti aspetto .... un'ora.
8. Io vado .... piedi, mio figlio va .... bicicletta e mio marito va .... automobile.
9. Maria è .... Milano, ma abita .... San Francisco .... California.
10. .... inverno fa freddo.

[29] Da notare: *bisogna* 'it is necessary' e *aver bisogno di* 'to be in need of something'.
[30] In frasi come questa, l'uso di *amare* è molto enfatico.

Esercizio B

Completare le seguenti frasi con le preposizioni articolate:

1. Noi studiamo .... nove .... undici.
2. Vai .... dentista o .... dottore?
3. Marco va .... cinema.
4. La tua casa è vicino .... mare.
5. .... mia finestra vedo il campanile .... chiesa.
6. I libri sono .... tavolo e .... sedia.
7. Ho una radio .... automobile.
8. Voi andate .... università tutti i giorni.
9. Patrick viene .... Francia.
10. Gli studenti vanno con piacere .... lezioni d'italiano.

Esercizio C

Completare le seguenti frasi con le preposizioni semplici e articolate:

1. Maria è .... casa e Andrea è .... università.
2. Quando siamo .... cinema, parliamo .... bassa voce.
3. .... mezzogiorno andiamo .... ristorante.
4. .... mattino andiamo .... lezioni d'italiano.
5. La casa .... miei nonni è vicino .... colline.
6. Il Tevere passa .... Roma e sbocca .... Mar Tirreno.
7. Napoli è .... Italia ed è lontana .... Sicilia.
8. Elena ha un libro .... regalo .... sua madre.
9. Carlo è dottore .... medicina e lavora .... ospedale.
10. Voi avete un appuntamento lunedì .... dieci .... mattina.

Esercizio D

Completare con le preposizioni adatte:

Il nostro amico Geronimo fa l'architetto. Lui abita .... isola .... Tranco .... dieci chilometri .... qui. Quest'isola si trova .... mezzo .... oceano. .... mattina, Geronimo va .... barca .... città a lavorare. Il suo ufficio è .... terzo piano .... un grande edificio. .... finestra .... suo ufficio Geronimo vede gli alberi .... parco .... e tanti uccelli .... rami. Geronimo è felice perchè .... tutto il giorno, ... mattina fino .... sera, può ammirare la natura mentre lavora.

Esercizio E

Completare le seguenti frasi con i partitivi:

1. Vuoi .... tè o .... caffè? No grazie, voglio .... latte.
2. Loro hanno .... amici molto ricchi.
3. Carlo beve .... vino e .... birra.
4. Nella mia camera ci sono .... quadri molto famosi.
5. Annamaria ha .... grandi cappelli con .... bellissimi fiori.
6. A colazione mangiamo .... pane e .... burro e beviamo .... cioccolata.
7. Ci sono .... studenti che lavorano duramente.
8. Scrivete .... poesie molto belle.
9. In Italia ci sono .... musei molto interessanti.
10. C'è .... marmellata sul tavolo.

Esercizio F

Completare usando espressioni di quantità (partitivi, molto, poco, abbastanza, un po' di, qualche, alcuni) *quando è necessario:*

1. In una biblioteca ci sono .... libri, ... enciclopedie, ... impiegati e .... studente.
2. Arturo guadagna molto, ma non ha mai .... soldi.
3. Oggi ho .... appetito e mangio solo .... insalata.
4. A Natale c'è .... gente nei negozi.
5. Leggiamo .... libri d'italiano.
6. Voi mettete .... zucchero nel caffè.
7. Hai .... fiori rossi nel tuo giardino? No, ma ho .... fiore arancione.
8. In Italia ci sono .... operai nelle città e .... contadini in campagna.
9. Io leggo volentieri .... libri gialli e .... romanzo ogni mese.
10. Carlo ha .... denaro, ma non ha .... tempo libero per divertirsi.

Esercizio G

Mettere le seguenti frasi al plurale:

1. Ecco un ragazzo intelligente.
2. Questo è un libro interessante.
3. C'è una casa sulla collina.
4. Lei ha un animale feroce?
5. È uno studente molto bello.

6. Abbiamo sempre bisogno di uno zio d'America (a very rich uncle).
7. Non c'è un uovo nel frigorifero.
8. Voglio comperare una borsa, un cappello, una gonna, una camicetta e un ombrello.
9. Non c'è una foglia su quell'albero.
10. C'è una macchia su quello specchio.

Esercizio H

Completare le seguenti frasi con la preposizione adatta:

1. Andiamo .... studiare da Luigi.
2. Comincio .... perdere la pazienza.
3. Siete contenti .... studiare l'italiano?
4. Carlo non ha voglia .... leggere quel libro.
5. Uscite .... comperare delle scarpe?
6. Roberto ha bisogno .... prendere la medicina.
7. I bambini cercano .... nascondere il vaso rotto.
8. I ragazzi pensano .... andare al cinema stasera.
9. Noi smettiamo .... parlare quando l'insegnante entra.
10. Cerchi sempre .... trovare una scusa per non venire alle feste con me.
11. Preferisci .... studiare qui o in biblioteca?
12. Lui è felice .... uscire con me.
13. Temo .... essere in ritardo.
14. Mi piace .... guardare il tramonto dalla mia finestra.
15. Resteremo a casa .... leggere un buon libro.
16. Mi chiede sempre .... uscire con lui.

Esercizio I

Scrivere un componimento di due paragrafi su uno dei seguenti soggetti: a) una giornata nella vita dello studente; b) le attività di una famiglia (usare il presente indicativo e molte delle preposizioni presentate in questo paragrafo).

il futuro

39 Nel futuro distinguiamo il futuro semplice e il futuro anteriore o composto.

Futuro semplice

Il futuro semplice indica:

a) un'azione che accadrà o uno stato che sarà in avvenire

Partirò tra dieci giorni.
Non *torneranno* presto.

b) un comando o un'esortazione

Verrai con me!
Scriverete l'esercizio sul quaderno.

c) una probabilità, un'incertezza

Perchè Giovanna non è in classe oggi? *Sarà* malata.
Che ore sono? *Saranno* le dieci.

40 Futuro anteriore

Il futuro anteriore indica:

a) un'azione o uno stato che accadrà o sarà in avvenire prima di un altro

Quando arriveranno, *avremo* già *cenato*.
Spegnerò la luce quando *avrò finito* di leggere.

b) una probabilità o un'incertezza riguardo ad un'azione o uno stato passato

È in ritardo: *avrà perduto* l'autobus.
Chissà che *avrà capito*.

76

41 Ausiliari *essere* e *avere*

Futuro semplice	*Futuro anteriore*
Essere	
sarò	sarò stato, -a
sarai	sarai stato, -a
sarà	sarà stato, -a
saremo	saremo stati, -e
sarete	sarete stati, -e
saranno	saranno stati, -e
Avere	
avrò	avrò avuto
avrai	avrai avuto
avrà	avrà avuto
avremo	avremo avuto
avrete	avrete avuto
avranno	avranno avuto

Oggi sono a Stanford, domani *sarò* a San Francisco.
Alla fine del mese *avremo* una vacanza.
Sarai a scuola domani?
In primavera *avrà* vent'anni.
Saranno stati dai loro amici.
Avrà avuto molte cose da fare.

Come dagli esempi sopra elencati, il futuro anteriore si forma con il futuro semplice degli ausiliari *essere* e *avere* + il participio passato del verbo[31] (in questo caso *essere* e *avere*).

42 Verbi modello[32]

Futuro semplice	*Futuro anteriore*
Parl-are	
parl-**erò**	avrò parlato
-**erai**	avrai
-**erà**	avrà
-**eremo**	avremo
-**erete**	avrete
-**eranno**	avranno

[31] Per la formazione del participio passato vedi paragr. 55.
[32] Vedi paragr. 12.

| *Futuro* | *Futuro* |
| *semplice* | *anteriore* |

Credere

cred-**erò**	avrò	creduto
-**erai**	avrai	
-**erà**	avrà	
-**eremo**	avremo	
-**erete**	avrete	
-**eranno**	avranno	

Partire[33]

part-**irò**	sarò	partito/a[34]
-**irai**	sarai	
-**irà**	sarà	
-**iremo**	saremo partiti/e	
-**irete**	sarete	
-**iranno**	saranno	

N.B.   Nel primo gruppo, al futuro semplice la vocale -*a*- cambia in -*e*-.

Domani il Presidente *telefonerà* al Papa.
Non *temerò* più i miei nemici.
Il mese prossimo *partirò* per Parigi.
Avranno finito il lavoro per domani?   Chissà!
Maria si *alzerà* alle tre e si *laverà* i capelli.

Particolarità:

I verbi del primo gruppo in -**care** e -**gare** al futuro semplice conservano il suono [k] e [g]:

gio**c**are: gio**ch**erò, gio**ch**erai, gio**ch**erà, gio**ch**eremo, gio**ch**erete, gio**ch**eranno

spie**g**are: spie**gh**erò, spie**gh**erai, spie**gh**erà, spie**gh**eremo, spie**gh**e- rete, spie**gh**eranno

I verbi in -**ciare** e -**giare** al futuro semplice conservano il suono [tš] e [dž]:

comin**ci**are: comin**c**erò, comin**c**erai, comin**c**erà, comin**c**eremo, comin**c**erete, comin**c**eranno

---

[33] I verbi come *finire* (vedi paragr. 12) non subiscono alcuna variazione al futuro e si coniugano regolarmente.
[34] Per l'uso degli ausiliari nei tempi composti vedi paragr. 57.

mangiare: mangerò, mangerai, mangerà, mangeremo, mangerete, mangeranno

43 Esempi di verbi irregolari

andare	andrò, andrai, andrà, andremo, andrete, andranno
	sarò andato, -a, sarai andato, -a, ecc.
bere	berrò, berrai, berrà, berremo, berrete, berranno
	avrò bevuto, avrai bevuto, ecc.
dare	darò, darai, darà, daremo, darete, daranno
	avrò dato, avrai dato, ecc.
dire	dirò, dirai, dirà, diremo, direte, diranno
	avrò detto, avrai detto, ecc.
fare	farò, farai, farà, faremo, farete, faranno
	avrò fatto, avrai fatto, ecc.
stare	starò, starai, starà, staremo, starete, staranno
	sarò stato, -a, sarai stato, -a, ecc.
venire	verrò, verrai, verrà, verremo, verrete, verranno
	sarò venuto, -a, sarai venuto, -a, ecc.

Verbi del secondo gruppo

	vedere	cadere	sapere
fut.	vedrò	cadrò	saprò

(Questa forma è una contrazione della forma arcaica *vederò, caderò, saperò*).

44 Verbi modali

Futuro semplice	Futuro anteriore[35]	
	Dovere	
dovrò	avrò	dovuto
dovrai	avrai	
dovrà	avrà	
dovremo	avremo	
dovrete	avrete	
dovranno	avranno	

[35] Nella formazione dei tempi composti, i verbi modali in senso assoluto vogliono sempre l'ausiliare *avere*; accompagnati da un verbo usano l'ausiliare del verbo. (Vedi paragr. 58).

| *Futuro* | *Futuro* |
| *semplice* | *anteriore* |

Potere

potrò	avrò	potuto
potrai	avrai	
potrà	avrà	
potremo	avremo	
potrete	avrete	
potranno	avranno	

Volere

vorrò	avrò	voluto
vorrai	avrai	
vorrà	avrà	
vorremo	avremo	
vorrete	avrete	
vorranno	avranno	

Esercizio A

Coniugare i verbi in corsivo al futuro semplice:

1. *Essere* in classe: noi, lo studente.
2. *Andare* al cinema: io, i ragazzi.
3. *Leggere* un libro: tu, voi.
4. *Avere* sete: Lei, noi.
5. *Telefonare* agli amici: Carlo, io e Carlo.
6. *Giocare* con il gatto: i bambini, il cane.
7. *Mangiare* un gelato: tu, tua sorella.
8. *Vedere* un film di Lina Wertmueller: noi, i nostri amici.
9. *Dover* studiare molto: Carlo e Susanna, lei.
10. *Voler* andare a teatro domenica prossima: voi, la signora Rossi.

Esercizio B

Completare le seguenti frasi mettendo il verbo in corsivo al futuro:

1. Quando noi *avere* molto denaro, *fare* il giro del mondo.
2. Domenica prossima i ragazzi *andare* a vedere una partita di calcio.
3. Domani Luisa e Giacomo *studiare* tutto il giorno.

4. Lunedì prossimo tu *fare* molte cose: *andare* alle lezioni, *dare* un libro al tuo amico, *studiare* in biblioteca per due ore, *ritornare* a casa stanco e *bere* un bicchiere di latte.
5. L'anno venturo Annamaria ed io *andare* in Italia e *divertirsi* molto.
6. Quando voi *potere* comperare la televisione, *dovere* guardare solo i programmi interessanti.
7. Domani sera i ragazzi *cucinare* un' ottima cena e le ragazze *mangiare* con appetito.
8. Fra tre settimane Annamaria *cominciare* un nuovo libro.
9. Io *venire* a casa tua domani pomeriggio.
10. Alla conferenza di domani quel professore *dire* molte cose, ma solo poche *essere* interessanti.

Esercizio C

Scrivere un componimento su uno dei seguenti soggetti: a) il prossimo week-end; b) un futuro viaggio all'estero.

i pronomi

45 Pronomi personali

Il pronome personale **soggetto** indica la persona che fa l'azione espressa dal verbo.

Prima pers. sing	io	→ *pl.* noi	
Seconda pers. sing.	tu	→ *pl.* voi	
Terza pers. sing. mas.	egli, esso, lui	→ *pl.* essi	loro { *mas.*
Terza pers. sing. fem.	ella, essa, lei	→ *pl.* esse	*fem.*

La terza persona distingue non solo il numero, ma anche il genere. Nella terza persona, accanto alle forme soggettive, abbiamo anche le tre forme toniche originariamente di complemento: *lui, lei, loro*. Queste tre forme sono usate più comunemente delle altre *egli, ella, esso, essa, essi, esse* nella lingua parlata e sono necessarie nei seguenti casi:

a) nelle antitesi

   Lui parla, ma *lei* no.

b) nelle esclamazioni (in questo caso il pronome segue il sostantivo o l'aggettivo)

   Beati *loro!*   Fortunata *lei!*

c) per enfasi (in questo caso il pronome generalmente segue il verbo)

   Lo dice *lui.*   Lo sanno *loro.*

d) dopo *anche, neanche, nemmeno, pure, neppure*

   Anche *lui* viene.   Nemmeno *loro* usciranno.

e) quando il pronome sta da solo

   Chi è venuto? *Lui.*
   Chi lo dice? *Lei.*

82

In italiano l'uso delle forme soggettive del pronome personale è molto più ristretto che in inglese: in genere è la forma stessa del verbo che indica la persona. Il corrispondente normale di 'I speak' è *parlo*: *io parlo* invece indica un'enfasi (anche minima), una contrapposizione, ecc. ("io personalmente", "io e non lui", ecc.).

Da notare la forma **Lei**, pl. **Loro** (terza persona singolare e [raro] plurale) che usiamo con persone estranee o con persone che non conosciamo bene per indicare deferenza o rispetto.

46 Pronomi personali oggetto

Nei pronomi personali oggetto diretto e indiretto — che si riferiscono anche ad animali e cose oltre che a persone — distinguiamo due forme:

a) la forma tonica o **forte** che è usata per l'oggetto indiretto quando preceduta da preposizione e per l'oggetto diretto per enfasi

b) la forma atona o **debole** che è usata sempre senza preposizione e serve sia per l'oggetto diretto che indiretto

Personale soggetto	Oggetto indiretto		Oggetto diretto		Riflessivo	
	forti	*deboli*	*forti*	*deboli*	*forti*	*deboli*
io	a me	mi	me	mi	me stesso, -a	mi
tu	a te	ti	te	ti	te	ti
lui	a lui	gli	lui	lo/li	se	
lei	a lei	le	lei	la/le	se	si
Lei	a Lei	Le	Lei	La	Se	
noi	a noi	ci	noi	ci	noi stessi, -e	ci
voi	a voi	vi	voi	vi	voi	vi
loro	a loro	loro	-	-	loro	si

Maria parla *a Pietro*. = Maria *gli* parla.
Teresa risponde *a Pia*. = Teresa *le* risponde.
Andrea telefona *a me e a mio marito*. = Andrea *ci* telefona.
Andrea telefona *a Lorenzo e Anna*. = Andrea telefona *loro*.

Bruno dà *il regalo* a Pietro. = Bruno *lo* dà a Pietro.
Vedrò *la mia amica* domani. = *La* vedrò domani.
Compreremo *i biglietti* per il teatro. = *Li* compreremo.
Saluteremo *gli zii e le zie*. = *Li* saluteremo.
Chiamano *te e tuo fratello*. = *Vi* chiamano.
Vedrò *Lei*, Sig.ra Rossi, a teatro? = *La* vedrò, Sig.ra Rossi, a teatro?

I pronomi di forma atona o debole precedono sempre il verbo, eccetto

  a) quando seguono un infinito o un gerundio (vedi paragr. 82)

      Voglio vederlo; guardandolo.

  b) nella coniugazione dell'imperativo[36]

      Prendilo!   Parlaci!

Unica eccezione è **loro** che segue sempre il verbo.

Quando in una frase abbiamo due pronomi — uno diretto e uno indiretto — l'ordine è: **indiretto** + **diretto** + verbo. Da notare che i pronomi

$$
\left.\begin{array}{l} \text{mi} \\ \text{ti} \\ \text{ci} \\ \text{vi} \\ \text{si} \end{array}\right\} + \text{lo/li, la/le} \quad \longrightarrow \quad \left.\begin{array}{l} \text{me} \\ \text{te} \\ \text{ce} \\ \text{ve} \\ \text{se} \end{array}\right\} + \text{lo/li, la/le}
$$

Il pronome **gli** + **lo/li, la/le** → **glielo, glieli, gliela, gliele**. Nelle forme composte *glielo, gliela*, ecc., il primo elemento è usato anche per il femminile.

    Voi date *un libro a Maria*. = *Glielo* date.
    Io *ti* mando *il pacco*. = *Te lo* mando.
    Ci prestano *ventimila lire*. = *Ce le* prestano.
    Costruiscono *la casa a mia cugina*. = *Gliela* costruiscono.

Quando abbiamo uno o due pronomi + verbo + infinito, la posizione dei pronomi è la seguente:

  A) con i verbi modali (*dovere, potere, volere, sapere*) i pronomi possono essere o davanti al verbo + infinito o dopo l'infinito: nel secondo caso, la sequenza infinito + pronome è rappresentata ortograficamente come una singola parola, e l'infinito perde sempre la *-e* (*portare* + *la* → *portarla*; *trovare* + *li* → *trovarli*).

    Voglio cantare quella canzone $\left\{\begin{array}{l}\text{La voglio cantare.}\\ \text{Voglio cantarla.}\end{array}\right.$

    Devo portare la bicicletta a Carlo $\left\{\begin{array}{l}\text{Gliela devo portare.}\\ \text{Devo portagliela.}\end{array}\right.$

  B) con gli altri verbi + infinito la posizione del pronome cambia secondo se il nome che sostituisce è il "vero" soggetto o il "vero" oggetto del verbo all'infinito.

---

[36] Vedi paragr. 65.

1) nel caso:

> Io sento gli uccelli cantare
>
> Gli uccelli [soggetto] cantano: allora
>
> Io li sento cantare.

2) nel caso

> Io amo ascoltare la musica
>
> Io ascolto la musica [oggetto]: allora
>
> Io amo ascoltarla.

N.B. A volte, anche se la frase presenta la stessa forma del caso 2), il pronome(i) può avere la doppia posizione come per i verbi modali.

Vado a trovare gli amici
{ Li vado a trovare.
{ Vado a trovarli.

Finisco di preparare la cena
{ La finisco di preparare.
{ Finisco di prepararla.

47 Particelle pronominali

Le particelle pronominali sono: **ci/vi** e **ne**.

a) **ci** sostituisce una frase prepositiva di luogo o simile con *a, in,* ecc.

> Vai *a teatro* spesso? Sì, *ci* vado spesso.
> Vuoi venire con me *a San Francisco?* No, non voglio veni*rci*.
> Giocate *a carte?* Sì, *ci* giochiamo.

b) con alcuni verbi come *sperare, credere, pensare, contare,* ecc., **ci** è usato invece del pronome dimostrativo *ciò (a ciò, su ciò,* ecc.) con significato neutro.

> Pensi *ai problemi della vita? Ci* penso sempre.
> Credi *in Dio?* Sì, *ci* credo.
> Non dimenticare *la tua promessa,* io *ci* conto.

c) **ne** si riferisce ad un termine partitivo[37]

> Hai *dei fratelli?* Sì, *ne* ho tre.
> Gli studenti bevono molta *birra?* Sì, *ne* bevono molta.
> Quanti *anni* ha quella bella donna? *Ne* ha venti.

---

[37] Vedi paragr. 36.

d) **ne** con i verbi di movimento significa "da lì, da quel luogo" (con *andare*, nel pronominale *andarsene, ne* significa "da qui, da questo luogo").

> Sei andato al *cinema? Ne* torno ora.
> Vado a *Firenze* lunedì, *ne* ripartirò mercoledì.

e) **ne** si riferisce anche ad un concetto o una idea ('about it, about this, that', ecc.)

> Tutti *ne* parlano, ma io non *ne* so niente.
> Pensi di *partire* presto? *Ne* dubito.

f) **ne** si riferisce a persona in sostituzione dei pronomi tonici *di lui, di lei, di loro.*

> Non conosco *tuo fratello*, perchè non me *ne* parli? (Perchè non mi parli *di lui?*)
> Dove sono Irene e Claudio? Non *ne* ho notizia. (Non ho notizia *di loro*).

N.B. I pronomi *mi, ti, ci, vi, si* seguiti da *ne* → *me, te, ce, ve, se: me ne, te ne, ce ne*, ecc.

> *Me ne vado* per sempre.
> *Se ne* è fuggito.

g) **ne** è usato avverbialmente con i verbi di moto nella forma riflessiva pronominale come *andarsene, fuggirsene, venirsene*, ecc.

Esercizio A

Riscrivere le seguenti frasi sostituendo le parole in corsivo con un pronome atono (oggetto diretto):

1. Studiamo *l'italiano*.
2. Scrive *una poesia*.
3. Mangeremo *quelle torte*.
4. Chiamate *Paola*?
5. Ascolteremo *il concerto*.
6. Non avete *la macchina*?
7. Dobbiamo leggere *tutti i capitoli* per domani.
8. Puoi mettere *questi libri* sul tavolo?
9. Ci piace guardare *il mare*.
10. Porterò *la televisione* da te.
11. Compreremo *quelle scarpe blu*.
12. Quando volete venire a trovare *noi*?

13. Possiamo mangiare *le ciliege?*
14. Tu guardi *me* e non parli.
15. Metteremo *l'articolo* davanti al nome?
16. Pietro scrive *le poesie* per Annamaria.
17. Accompagnano *le loro amiche* alla stazione.
18. Leggo *il nuovo libro della Morante* prima di addormentarmi.
19. Chiudiamo *la finestra* quando piove.
20. Ammireremo *il tramonto* insieme.

Esercizio B

Riscrivere le seguenti frasi sostituendo le parole in corsivo con uno o più pronomi atoni:

1. Parlo *a mia madre*.
2. Scriviamo *allo zio*.
3. Telefonano *agli amici*.
4. Voglio fare *la domanda a te*.
5. Possiamo parlare *a voi?*
6. Danno *la penna a loro*.
7. Manda *i regali ai nonni*.
8. Leggete *la lettera a Irene*.
9. Parliamo *a tuo fratello*.
10. Carlo regala dei fiori *alla zia*.
11. Andrea telefona *a noi*.
12. Mio figlio risponde *a me*.
13. I ragazzi vogliono fare *la fotografia all'attrice*.
14. Possiamo leggere *questa lettera a Carlo e Anna?*
15. Voglio scrivere *a Giovanni*.
16. Chiediamo *l'indirizzo di Anna a Carlo*.
17. Parlare *a lui* è inutile, dobbiamo parlare *a sua madre*.
18. Enrico vuole telefonare *agli amici*.
19. Domani daremo *i fiori alle ragazze*.
20. Voi vi guardate negli occhi e dite *la verità a voi stessi*.

Esercizio C

Riscrivere le seguenti frasi sostituendo i pronomi adatti alle parole in corsivo:

1. Scrivo *a mia sorella*.
2. Mangiamo *la frutta*.
3. Preparano *il pranzo alla zia e allo zio*.
4. Parlate *alla vostra insegnante*.

5. Telefoneremo *a Carlo.*
6. Manderai *la cartolina a Stefano.*
7. Petrarca scrive *le poesie* per Laura.
8. Do *il mio libro di storia a te.*
9. Porteremo *la macchina a Pietro.*
10. Fai *il compito?*
11. Diciamo *la verità all'amico.*
12. Daremo *le caramelle ai bambini.*
13. Ascoltate *la radio?*
14. Leggo *la fiaba a mia figlia.*
15. Carlo mangia *la carne* in fretta.
16. Loro non conoscono *quelle ragazze.*
17. Tu porti *il vino a me.*
18. Ripetiamo *la frase a voi.*
19. Mia madre compra *la pelliccia a me.*
20. Lo dici *a noi.*

Esercizio D

Rispondere alle seguenti domande usando i pronomi adatti:

1. Conosci Roberto?
2. Invitate quei ragazzi alla festa?
3. Ti piace scrivere poesie?
4. Volete bene ai vostri genitori?
5. Guardi la televisione ogni sera?
6. Quando studi l'italiano?
7. Mangiate la frutta?
8. Scrivi ai tuoi amici oggi?
9. Fate una fotografia a Giovanna?
10. Mandi un pacco a tuo fratello?
11. Insegnate l'italiano a noi?
12. Puoi aiutarmi?
13. Vai a teatro?
14. Sai parlare il russo?
15. Vedi quel libro sul tavolo?
16. Mi scriverete raramente o spesso?
17. Ci manderete cartoline da Firenze?
18. Comprerai quell'automobile rossa?
19. Vuoi chiedermi scusa ora?
20. Gli cantate quella canzone napoletana?

Esercizio E

Sostituire le parole in corsivo con le particelle pronominali 'ci', 'vi' e 'ne':

1. Gli studenti vanno *alle lezioni* ogni giorno.
2. Annamaria e Maria vanno *a teatro* ogni mercoledì.
3. Claudio ha una *sorella*.
4. I ragazzi bevono molto *latte*.
5. Volete venire con noi *al mare*?
6. Andremo *a casa di Luigi* domani sera.
7. Spesso giochiamo *a palla*.
8. Pensiamo *al nostro avvenire*.
9. Quando andiamo *dalla tua amica*?
10. Sperate di riuscire *a vincere*.
11. Vedo molte *stelle in cielo*.
12. Leggete molti *libri*?
13. Lo mettiamo *sulla sedia*.
14. Vengo *da te* oggi stesso.
15. Torniamo ora *dal cinema*.
16. Dubito di rimanere *qui* a lungo.
17. Molti parlano *della situazione politica mondiale*.
18. Vuoi andare *a ballare*?
19. Andiamo con Luigi *a Roma*.
20. Io ho due *gatti*.
21. Fai *dello sport*?
22. Bevo *birra* anche d'inverno.
23. Hai *dei sonniferi*?
24. Mangerete *tacchino* per Thanksgiving?

Esercizio F

Rispondere positivamente o negativamente alle seguenti domande usando le particelle pronominali adatte:

1. Vuoi venire al cinema?
2. Avete dei fratelli?
3. Quando vai a Roma?
4. Tornate ora da scuola?
5. Pensi ai problemi del mondo?
6. Credete nel potere della mente?
7. Volete andare in biblioteca?
8. Sai qualche cosa del nuovo scandalo?

9. Vuoi parlarmi della tua amica?
10. Hai molti libri?
11. Credi a tutto ciò che la gente ti dice?
12. Quando partirete da Milano?
13. Mangi molta carne?
14. Pensate di rimanere qui a lungo?
15. Volete parlarmi dei vostri problemi?
16. Andate a ballare con i vostri amici?
17. Puoi accompagnarmi alla stazione?
18. Quando mi parlerete di vostro padre?
19. Speri di uscire facilmente da quella situazione?
20. Volete venire con noi dalla chiromante?

Esercizio G

Riscrivere le seguenti frasi inserendo i pronomi in corsivo al posto giusto:

1. *(li, loro)* Quando vedrò parlerò.
2. *(ne, gli)* Parleremo tra due ore.
3. *(le)* Adora la musica moderna e piace molto quel nuovo disco.
4. *(ci)* Chiedono delle informazioni.
5. *(mi, gli)* Alzo presto e telefono.
6. *(ne, te)* Non posso parlare.
7. *(me, ne)* Mostrerà alcuni.
8. *(ti, me, lo)* Quando alzerai, dirai.

l'imperfetto
e il trapassato prossimo

48 Imperfetto

L'imperfetto indica un'azione o uno stato nella sua durata al passato ed in particolare:

a) nelle descrizioni, nelle condizioni dell'essere o situazioni

> Ieri *era* una bella giornata, *faceva* caldo e *volevo* andare
> a San Francisco.
> Quando *ero* bambina, *ero* piccola e tonda.

b) uno stato della mente

> Claudio *credeva* di essere molto bello.
> Ieri i ragazzi non *sapevano* la lezione.
> Andrea *voleva* comprare dei vini.

c) azione ripetuta (imperfetto iterativo)

> In Italia *leggevo* il giornale ogni giorno.
> L'anno scorso la mia amica ed io *uscivamo* quasi ogni giorno.
> Dieci anni fa, mi *alzavo* a mezzogiorno.

d) uno stato o un'azione continuata in relazione ad un momento determinato del passato

> Mentre *dormivo*, sono entrati[38] i ladri.
> Cosa *facevano* quando li hai visti?

49 Trapassato prossimo

Il trapassato prossimo indica un'azione (o uno stato) nel passato precedente ad un'altra espressa sempre nel passato.

> Stamane ho visto la stessa persona che *avevo incontrato* due giorni fa.
> Ieri sera ho cucinato il risotto come lo *aveva cucinato* Maria la settimana scorsa.

---

[38] Passato prossimo, vedi paragr. 54 e segg.

50   Ausiliari *essere* e *avere*

Imperfetto	*Trapassato prossimo*	
	Essere	
ero	ero	stato, -a
eri	eri	
era	era	
eravamo	eravamo	stati, -e
eravate	eravate	
erano	erano	

	Avere	
avevo	avevo	avuto
avevi	avevi	
aveva	aveva	
avevamo	avevamo	
avevate	avevate	
avevano	avevano	

Il trapassato prossimo si forma con l'imperfetto degli ausiliari *essere* o *avere* + il participio passato del verbo (in questo caso *essere* e *avere*).[39]

51   Verbi modello[40]

Imperfetto	*Trapassato prossimo*	
	Parlare	
parl-**avo**	avevo	parlato
-**avi**	avevi	
-**ava**	aveva	
-**avamo**	avevamo	
-**avate**	avevate	
-**avano**	avevano	

	Credere	
cred-**evo**	avevo	creduto
-**evi**	avevi	
-**eva**	aveva	
-**evamo**	avevamo	
-**evate**	avevate	
-**evano**	avevano	

---

[39] Per l'uso degli ausiliari nella formazione dei tempi composti, vedi paragr. 57.
[40] Vedi paragr. 12.

Imperfetto	Trapassato prossimo
Finire	

fin-**ivo**	avevo finito
-**ivi**	avevi
-**iva**	aveva
-**ivamo**	avevamo
-**ivate**	avevate
-**ivano**	avevano

52   Verbi irregolari

bere	bevevo, bevevi, beveva, bevevamo, bevevate, bevevano avevo bevuto, avevi bevuto, ecc.
dare	davo, davi, dava, davamo, davate, davano avevo dato, avevi dato, ecc.
dire	dicevo, dicevi, diceva, dicevamo, dicevate, dicevano avevo detto, avevi detto, ecc.
fare	facevo, facevi, faceva, facevamo, facevate, facevano avevo fatto, avevi fatto, ecc.
stare	stavo, stavi, stava, stavamo, stavate, stavano ero stato, -a, eri stato, -a, ecc.

53   Verbi modali[41]

Imperfetto	Trapassato prossimo
Dovere	

dovevo	avevo dovuto
dovevi	avevi
doveva	aveva
dovevamo	avevamo
dovevate	avevate
dovevano	avevano

Potere	

potevo	avevo potuto
potevi	avevi
poteva	aveva
potevamo	avevamo
potevate	avevate
potevano	avevano

[41] Per l'uso degli ausiliari con i verbi modali, vedi paragr. 58.

	Imperfetto	*Trapassato prossimo*	
	Volere		
	volevo	avevo	voluto
	volevi	avevi	
	voleva	aveva	
	volevamo	avevamo	
	volevate	avevate	
	volevano	avevano	

Esercizio A

Mettere il verbo in corsivo all'imperfetto e completare le seguenti frasi:

1. Ieri noi non *volere* uscire perchè *piovere* e *fare* cattivo tempo.
2. Quando i miei genitori *abitare* .... Roma, *andare* sempre .... comperare .... frutta .... mercato all'aperto.
3. Due anni fa Pietro ed io *desiderare* comprare una casa.
4. Tutte le mattine, prima .... uscire .... casa, Giorgio *chiudere* sempre la porta a chiave.
5. Lei *essere* pazza, ma non lo *sapere*.
6. Quando mio fratello *avere* dieci anni, appena *vedere* il nostro cane, *correre* in camera sua.
7. Mio zio Francesco *essere* molt.... noioso: lui *dire* e *fare* sempre le stesse cose.
8. Che ore *essere* quando siete ritornati .... cinema?
9. Lui *dire* spesso che *conoscere* tutti i paesi del mondo perchè quando *essere* giovane aveva viaggiato moltissimo.
10. Quello che dici non mi è nuovo: me lo *dire* Maria prima di te.

Esercizio B

Mettere il verbo in corsivo all'imperfetto:

1. Quando io *essere* piccola, mi *piacere* andare allo zoo.
2. Quando noi *avere* dieci anni, *andare* spesso al mare.
3. Mentre io *studiare*, il mio compagno di camera è ritornato.
4. Che ora *essere* quando vi siete alzati?

il passato
prossimo

54   Passato prossimo

Il passato prossimo indica un fatto passato e compiuto avvenuto o
recentemente (questa mattina, pochi minuti fa, ecc.) oppure molto
tempo fa (un anno fa, dieci anni fa, ecc.), ma con effetti che durano
ancora al presente.

> Paolo *è partito* questa mattina per il Brasile.
> Mio padre *è nato* nel 1896 (è ancora vivo).
> *Hai sentito* quel rumore?   Che cosa *è stato?*

Il passato prossimo è un tempo composto dal presente degli ausiliari
essere e *avere* + il participio passato del verbo.

55   Formazione del participio passato

Participio passato dei tre verbi regolari modello

I	parl-are	II	cred-ere	III	part-ire
	-ato		**-uto**		**-ito**

N.B.   Molti verbi del secondo gruppo presentano delle irregolarità
nella formazione del participio passato e del passato remoto (vedi
paragr. 81). Elenchiamo qui in ordine alfabetico alcuni dei verbi più
comuni con indicato sia il significato inglese che l'ausiliare.

Verbo	Participio passato	ausiliare	Significato inglese
accendere	acceso	avere	*light, turn on*
accorgersi	accorto(si)	essere	*become aware*
chiedere	chiesto	avere	*ask*
chiudere	chiuso	avere	*close*
cogliere	colto	avere	*pick up*
correggere	corretto	avere	*correct*

correre	corso	essere/avere	*run*
cuocere	cotto	avere	*cook*
decidere	deciso	avere	*decide*
difendere	difeso	avere	*defend*
dipingere	dipinto	avere	*paint*
discutere	discusso	avere	*discuss*
dividere	diviso	avere	*divide*
erigere	eretto	avere	*erect*
fingere	finto	avere	*pretend*
giungere	giunto	essere	*arrive*
leggere	letto	avere	*read*
mettere	messo	avere	*put*
nascere	nato	essere	*be born*
piangere	pianto	avere	*cry*
porre	posto	avere	*put, place*
prendere	preso	avere	*take*
radersi	raso(si)	essere	*shave*
rendere	reso	avere	*give back*
ridere	riso	avere	*laugh*
rimanere	rimasto	essere	*remain*
rispondere	risposto	avere	*answer*
rompere	rotto	avere	*break*
scendere	sceso	essere	*descend*
scrivere	scritto	avere	*write*
spendere	speso	avere	*spend (money)*
uccidere	ucciso	avere	*kill*
vincere	vinto	avere	*win*

N.B.   Alcuni verbi hanno una forma regolare ed una irregolare al participio passato: *perdere – perduto, perso; vedere – veduto, visto*. Ci sono altri verbi che sono regolari nella formazione del participio passato, ma, tuttavia, presentano dei cambiamenti nella radice: *bere – bevuto, vivere – vissuto*.

Anche nel I e nel III gruppo ci sono dei verbi che formano il participio passato irregolarmente:

aprire	aperto	avere	*open*
coprire	coperto	avere	*cover*
dare	dato	avere	*give*
dire	detto	avere	*say, tell*
fare	fatto	avere	*do, make*
morire	morto	essere	*die*
offrire	offerto	avere	*offer*
soffrire	sofferto	avere	*suffer*
stare	stato	essere	*stay, be*
venire	venuto	essere	*come*

56 Ausiliari *essere* e *avere*

sono stato, -a	ho avuto
sei stato, -a	hai avuto
è stato, -a	ha avuto
siamo stati, -e	abbiamo avuto
siete stati, -e	avete avuto
sono stati, -e	hanno avuto

N.B. Come vediamo da questa coniugazione, il participio passato dei verbi che formano i tempi composti con il verbo *essere* si comporta come un aggettivo, cioè si accorda con il soggetto in genere e numero.

57 Uso di *essere* e *avere* con i verbi al passato prossimo

Usiamo **essere** con:

a) i verbi di movimento[42]

> *Sono* andata al cinema con Fabrizio.
> Mario *è* venuto a trovarmi.
> *Siamo* arrivati ieri.

Alcuni verbi di movimento usano **avere** quando hanno l'oggetto diretto.

> Io *sono* salita sull'albero. — Io *ho* salito le scale.
> *Sono* corsi dal dottore. — *Hanno* corso dieci chilometri.
> Gli uccelli *sono* volati via. — Quante ore *avete* volato tu e Patrizia?

b) i verbi riflessivi

> Ci *siamo* seduti in giardino.
> Si *sono* accorte del loro errore.
> Questa mattina Carlo non si *è* alzato tardi.

c) i verbi che indicano un divenire[42]

> *È* morto ieri all'alba.
> Questi fiori *sono* cresciuti rapidamente.
> Quelle due ragazze *sono* diventate amiche.

d) la forma impersonale[43]

> Si *è* detto ciò molte volte.
> Si *è* discusso di molte cose.

e) la forma passiva dei verbi[44]

> I tiranni *sono* temuti da tutti.
> La parola 'pazzo' *è* scritta con due 'z'.

---

[42] Tutti questi sono verbi intransitivi, cioè non hanno l'oggetto diretto.
[43] Vedi paragr. 78.
[44] Per la formazione del passivo, vedi paragrafo 86.

Con tutti gli altri verbi usiamo l'ausiliare **avere**.

> *Ho* comperato un quadro di Picasso.
> Claudio *ha* letto un libro interessante.
> *Hanno* parlato a lungo.

Particolarità

Con i verbi atmosferici l'uso di entrambi gli ausiliari è accettato e varia secondo le regioni.

> *È* (o *ha*) piovuto tutta la notte.
> *È* (o *ha*) nevicato tre giorni fa.

I seguenti verbi usano l'ausiliare **avere**:

> camminare — *Ho* camminato molto.
> parlare — *Hanno* parlato con Paolo.
> dormire — *Hai* dormito bene?
> passeggiare — *Abbiamo* passeggiato con i nostri amici.
> vivere[45] — *Ha* vissuto una vita da cani ('a hard life').

58   Verbi modali

In senso assoluto i modali usano l'ausiliare **avere**; accompagnati da un verbo usano l'ausiliare del verbo.

> Sei andato al cinema ieri?   No, non *ho* potuto.
> Che cosa hai fatto ieri?   *Sono* dovuta andare dal dottore.
> *Ha* voluto acquistare un'altra casa.

N.B.   Le regole date per la formazione del passato prossimo (paragrafi 56-57-58) sono valide per tutti i tempi composti.

59   Uso dell'imperfetto e del passato prossimo

Abbiamo presentato dettagliatamente nei paragrafi precedenti l'uso dell'imperfetto e del passato prossimo. Come nota conclusiva ricordiamo che, nell'uso dei due tempi combinati, per la parte descrittiva ci serviamo dell'imperfetto, mentre per le azioni compiute ci serviamo del passato prossimo. Tale uso rappresentato graficamente risulta come segue:

---

[45] *Vivere* usa anche il verbo *essere*: *sono* vissuta a Roma nel 1967.

azione o stato nella sua durata — imperfetto

A _____

camminavo ....

fatto compiuto — passato prossimo

B _____

............ho incontrato Luigi

A _____

/ B \

Camminavo quando ho incontrato Luigi.

Avverbi o espressioni avverbiali come: *tutto ad un tratto*........, *improvvisamente*........, *un bel giorno*........, *una volta*........, *quando* 'when'........, *quel giorno*........, *subito*........, ecc. (che indicano un momento determinato) vogliono il passato prossimo.

Espressioni come *mentre, quando* 'whenever', *tutte le volte che, mai, ogni volta che, spesso, di solito, raramente,* ecc. (che indicano una durata o un'abitudine) vogliono l'imperfetto.

Mentre *andavo* all'università, ho incontrato Carlo.
Ogni volta che Pietro si *alzava* presto, mi svegliava.
Dormivo quando improvvisamente *hanno suonato* alla porta.
Lo *vedevo* tutte le mattine, ma gli *ho parlato* solo una volta.

_____

Esercizio A

Mettere il verbo in corsivo al passato prossimo:

1. Ieri Pietro mi *telefonare* per dirmi che voleva andare al cinema.
2. Maria ed io *parlare* per più di un'ora.
3. Stamattina io non *andare* a lezione.
4. Maria e Barbara *finire* l'esame.
5. Ieri sera tu *mangiare* una buona bistecca.

Esercizio B

Mettere i verbi in corsivo al passato prossimo o imperfetto:

Quando *siamo* bambini *osserviamo* il mondo degli adulti che *è* buio e misterioso per noi. Esso ci *sembra* assurdo perchè non *capiamo* nulla delle parole che gli adulti si *scambiano* fra di loro. Le loro parole non ci *interessano*, anzi ci *annoiano*. Le loro decisioni invece ci *interessano* e i loro litigi ci *preoccupano* e ci *fanno* paura. Qualche volta *giochiamo* con un amico e se gli adulti *litigano* e si *scambiano* parole rabbiose, *fingiamo* di concentrarci sul gioco per distrarre l'attenzione del nostro amico da quelle voci che ci *fanno* arrossire e vergognare. *Siamo* certi che in casa del nostro amico non si *litiga* mai e non si *gridano* parole rabbiose; poi un giorno con sollievo *scopriamo* che si *litiga* anche a casa del nostro amico. Poi *entriamo* nell'adolescenza e la scuola *diventa* il nostro mondo. *Vogliamo* piacere ai compagni e li *imitiamo* e *soffriamo* se ci *disprezzano*. Poi un giorno *facciamo* amicizia con un compagno speciale. *Passiamo* insieme pomeriggi straordinari. D'estate *scriviamo* al nostro amico lettere lunghissime.

Esercizio C

Completare le seguenti frasi mettendo il verbo in corsivo al passato prossimo o imperfetto:

1. Mentre io *leggere* il giornale i miei amici *rientrare*.
2. Quando noi *arrivare* alla stazione *essere* troppo tardi.
3. Gli studenti *essere* tutti presenti, ma non ci *essere* il professore.
4. Mentre voi *fare* colazione, la lettera *arrivare*.
5. Ci dicono che Antonio *arrivare* con il treno delle undici.

Esercizio D

Mettere i verbi in corsivo all'imperfetto o al passato prossimo:

Sabato scorso tre amici *decidere* di andare in città. I tre amici *essere* due ragazze e un ragazzo. Essi *partire* all'alba e *prendere* il treno delle otto. *Andare* alla biglietteria e *comperare* i biglietti; poi *salire* sul treno e *sedersi* comodamente. Si *stare* molto bene nella carrozza che avevano scelto. Il finestrino *essere* aperto e l'aria della campagna *essere* profumata. Le due ragazze *leggere* mentre il ragazzo *fumare*. Alle nove e un quarto *arrivare* a San Francisco, *chiamare* un tassì. L'autista li *portare* a Broadway dove *visitare* tutti i posti d'attrazione. I tre amici *sapere* dove andare e quindi non *sprecare* nè tempo nè denaro. Alla fine della giornata non *avere* più voglia di tornare a Palo Alto dove li *aspettare* i soliti noiosi compiti d'italiano!

Esercizio E

Mettere i verbi in corsivo all'imperfetto o al passato prossimo:

Esserci una volta un principe che *abitare* in un gran palazzo che *essere* situato sulla riva di un fiume. *Esserci* molte persone che *andare* e *venire* da questo castello, perchè *avere* la fama di essere uno dei più bei castelli del tempo. Un bel giorno *arrivare* una donna misteriosa che *sembrare* in difficoltà. Ella *portare* un lungo abito di seta nera e *montare* un cavallo baio. Il principe le *chiedere* se egli *potere* esserle utile. La donna misteriosa gli *rispondere* che *cercare* il marito che *essere* scomparso in circostanze misteriose. Il principe *offrire* molto generosamente il suo aiuto. Egli *chiamare* i suoi servi, *dire* loro di badare al castello e *partire* sul suo cavallo più bello e veloce. Egli *scendere* fino all'inferno per riportare Orfeo alla sua Euridice.

Esercizio F

Completare con le forme appropriate dei verbi in corsivo:

Ieri, il mio amico Francesco non *volere* tornare a casa perchè *sentirsi* molto infelice e *sapere* che a casa non *esserci* nessuno con cui *potere* parlare dei suoi problemi. Allora *decidere* di *fare* una passeggiata in bicicletta e *cominciare* a pedalare. Mentre *procedere* tutto assorto nei suoi pensieri non *vedere* un albero che *trovarsi* sulla sua strada e *andare* a sbatterci contro. I suoi problemi *scomparire* e al loro posto *apparire* tante stelle colorate. Stamane, all'ospedale, Francesco mi *dire*: "Non *andare* mai più in bicicletta! D'ora in poi non *essere* mai più infelice e *imparare* a sopportare meglio i miei problemi" Ecco una persona che non *avere* crisi di depressione per un bel po' di tempo!

Esercizio G

Mettere i verbi in corsivo all'imperfetto o al passato prossimo:

Esserci una volta un bellissimo gatto tutto bianco. Questo gatto *chiamarsi* Sabi ed *avere* come amico un cane di nome Uri. I due animali *essere* molto giovani e allegri e *trascorrere* giornate intere a giocare. Essi *vivere* in una bella casa con un gran giardino. Sabi *divertirsi* a saltare da un albero all'altro mentre Uri *rincorrere* le foglie e gli uccelli. Come *stare* bene e come *giocare* allegramente in quel giardino! Ma un bel giorno Sabi *perdersi*, Uri lo *cercare* e lo *chiamare*, ma lui non *venire*. Uri *soffrire* molto e *piangere* per tutto il giorno. All'imbrunire, finalmente, Uri *vedere* Sabi in cima ad un albero che *guardare* attentamente una finestra dove *sedere* una graziosissima gattina. Sabi innamorato! Povero Uri, *rimanere* solo, senza il suo caro amico caduto vittima dell'amore.

l'imperativo

60 Imperativo

L'imperativo è il modo per esprimere un comando, un consiglio, un'esortazione. L'unica forma ben distinta è quella della seconda persona singolare (tu), le altre forme sono identiche a quelle del presente indicativo (prima e seconda pl.) e del presente congiuntivo[46] (terza sing. e pl., prima pl.).

61 Ausiliari *essere* e *avere*

Essere	*Avere*
—	—
sii[47]	abbi[47]
sia	abbia
siamo	abbiamo
siate[47]	abbiate[47]
siano	abbiano

62 Verbi modello

parl-are	*cred-ere*	*fin-ire*	*part-ire*
—	—	—	—
parl-**a**	cred-**i**	fin-isc-**i**	part-**i**
parl-**i**	cred-**a**	fin-isc-**a**	part-**a**
parl-**iamo**	cred-**iamo**	fin-**iamo**	part-**iamo**
parl-**ate**	cred-**ete**	fin-**ite**	part-**ite**
parl-**ino**	cred-**ano**	fin-isc-**ano**	part-**ano**

N.B. Da notare al negativo l'antica forma toscana *non crediate, non speriate*, ecc.

---

[46] Il congiuntivo sarà presentato nel secondo volume.

[47] Per i verbi *essere, avere* e *sapere* la seconda persona pl. ha la forma del congiuntivo e la seconda persona sing. è un'antica forma del congiuntivo.

Nell'imperativo negativo soltanto la seconda persona singolare presenta la particolarità di usare dopo la negazione il verbo all'infinito, le altre persone restano invariate.

> *Prendi* quel libro!   Non *prendere* quel libro!
> *Entri!*   Non *entri!*
> *Smettete* di fare rumore!
> Non *parliamo* con quella donna!
> Non gli *creda*, sig. Rossi!
> Non *partire* oggi!   *Parti* domani!

63   Esempi di verbi irregolari

andare	va' *o* vai, vada, andiamo, andate, vadano
bere	bevi, beva, beviamo, bevete, bevano
dare	da' *o* dai, dia, diamo, date, diano
dire	di' *o* dici, dica, diciamo, dite, dicano
fare	fa' *o* fai, faccia, facciamo, fate, facciano
sapere	sappi,[47] sappia, sappiamo, sappiate, sappiano
stare	sta' *o* stai, stia, stiamo, state, stiano
venire	vieni, venga, veniamo, venite, vengano

64   Verbi modali

I verbi modali non hanno l'imperativo formale, e usano le forme del congiuntivo per esprimere un desiderio.

> Dio non *voglia*!
> *Possano* essere felici per sempre!

65   L'imperativo con i pronomi

Nelle forme dell'imperativo — ad eccezione della terza persona singolare e plurale — i pronomi seguono la forma verbale. Tranne *loro*, tutti gli altri pronomi atoni (anche il doppio pronome) si uniscono alla forma verbale. Questa regola è valida anche per i verbi riflessivi. Le forme monosillabiche — *va', da', di', fa'* e *sta'*[48] — quando sono insieme ai pronomi *mi, ti, ci, lo, la, li, le, ne, me ne, te ne, ve ne, me lo, te lo, ce lo* raddoppiano la consonante iniziale del pronome.

> Signorina non *abbia* paura!   *Mi stia* vicino!   *Mi dia* la mano!
> *Faccelo* vedere!
> *Mandaglielo* subito!
> *Dillo* loro!
> *Stammi* vicino!

[48] Vedi paragr. 63.

Vattene, non voglio più vederti!
Dicci quello che vuoi!
Come sono belle queste rose!   *Dammele!*
Non *dirlo* a nessuno!
Non *parliamogli!*
Alzati, affrettati!
Su ragazzi, *svegliamoci!*
Non *addormentarti* così presto!

Esercizio A

Mettere i verbi in corsivo all'imperativo:

1. (Voi) *alzarsi* presto domani perchè dovete partire alle sette.
2. (Tu) *rendersi conto* che non sei più un bambino.
3. (Lei) *fare* un buon viaggio e *scrivermi* appena può.
4. (Noi) *mettersi* a lavorare subito o non finiremo in tempo.
5. (Loro) prego, signori, *entrare* e *accomodarsi*.

Esercizio B

Trasformare i seguenti brani in discorso diretto, mettendo cioè i verbi in corsivo all'imperativo:

1. Quando il professore entra in classe saluta gli studenti e dice loro di *aprire* il libro e *leggere* ad alta voce. Quando uno studente fa un errore, il professore gli dice di non *affrettarsi* e di *rileggere* la parola correttamente. Lo studente chiede al professore di *fargli* prima sentire la corretta pronuncia della parola e di *spiegargliene* il significato.

2. Oggi Maria non sta bene, telefona all'amica e le dice di *avvertire* i suoi studenti della sua assenza. Poi le chiede di *andare* prima al supermercato e di *comprarle* un pollo per il brodo, poi di *passare* in farmacia e di *cercarle* una speciale medicina. Inoltre, le chiede di *fermarsi* in biblioteca e di *restituire* il libro che lei ha lasciato a casa sua.

Esercizio C

Dare l'equivalente in italiano:

1. Let's do it!
2. Tell me!
3. Don't touch it!
4. Come closer!
5. Give it to them!

i pronomi relativi

66 Pronomi relativi

I pronomi relativi sono **che, cui, il/la quale, i/le quali.**
Che è invariabile e ha funzione di soggetto e oggetto per persone e cose.

> È uno scrittore *che* ha viaggiato molto.
> Il libro *che* usiamo è molto utile.
> Le donne *che* lavorano sono molte.
> I bambini *che* non vanno a scuola sono ignoranti.

N.B.   **Ciò che** o **quello che** è invariabile e significa letteralmente 'that which' ed è riferito soltanto a cose o concetti astratti.

> *Ciò che* dici è ingiusto.
> *Quello che* fai non è sbagliato.

Cui è invariabile e si usa sempre con le preposizioni (per persone e cose).

> L'uomo *con cui* vivo è molto simpatico.
> La città *da cui* vengo è molto bella.
> Le ragazze *a cui* abbiamo scritto non ci hanno risposto.

Cui, preceduto dall'articolo, ha valore di possessivo/appartenenza (per persone, cose e animali).

> Lo scrittore italiano, *il cui* ultimo libro ha vinto il premio Nobel, è Eugenio Montale.
> I ragazzi, *le cui* sorelle abbiamo conosciuto ad Istanbul, sono molto ricchi.
> La ragazza, *i cui* occhi sono molto espressivi, è turca.

N.B.   L'articolo che precede *cui* si accorda con la cosa o persona posseduta.
Alle forme invariabili di *che* e *cui* possiamo sostituire le forme variabili:
il quale, i quali, la quale, le quali.

> La città, *in cui/nella quale* abito, è molto pulita.

Esercizio A

Combinare le frasi usando il pronome 'che' o 'il quale', 'la quale', ecc., come dall'esempio:

> La lettera era di mio zio. L'ho ricevuta ieri. —
> La lettera che ho ricevuto ieri era di mio zio.

1. La ragazza è francese. Era a cena da noi ieri sera.
2. Il libro è di Moravia. Lo sto leggendo.
3. Il bambino è alto. Gioca fuori.
4. Il programma era molto interessante. Lo abbiamo visto ieri.
5. L'abito costa settantamila lire. L'ho comperato ieri.
6. Quel professore è molto intelligente. Insegna storia moderna.
7. L'ultimo film di Fellini è lungo. L'abbiamo visto la settimana scorsa.
8. L'amico è gentile. Va ad accompagnare Pietro all'aeroporto.

Esercizio B

Completare le seguenti frasi usando i pronomi 'che', 'di cui', 'a cui', 'per cui', ecc.:

1. La città .... vengo è Napoli.
2. La ditta .... lavoravo l'anno scorso è fallita.
3. Il libro .... ti ho parlato è in ristampa.
4. I motivi .... voglio andare in Italia sono molti.
5. Le figlie .... lui ha fatto molti sacrifici sono ingrate.
6. Gli amici .... vado al cinema verranno a prendermi alle quattro.
7. Il ragazzo .... ho scritto due settimane fa, mi ha risposto ieri.
8. Il cinema .... ho incontrato Sandro, è in centro.
9. L'argomento .... il professore parlerà, è molto difficile.
10. La donna .... Alberto è innamorato, è più anziana di lui.

Esercizio C

Completare le seguenti frasi usando il pronome relativo 'cui' con valore possessivo:

1. Lo scrittore, ... libro ti consiglio di leggere, è morto l'anno scorso.
2. Quella ragazza, ... nome non ricordo, è stata una mia alunna.
3. L'amico, ... automobile ho usato per tre mesi, è tornato ieri.
4. Ieri ho conosciuto una ragazza .... occhi erano di diverso colore.
5. I bambini, ... padre è in Giappone, partiranno tra breve.

gli aggettivi
e i pronomi interrogativi

67   Pronomi interrogativi

I pronomi interrogativi sono **chi** e **che cosa**.

Chi è invariabile, si riferisce sempre a persona ed è usato in funzione di soggetto, oggetto e con preposizione.

> *Chi* è?
> *Con chi* esci?
> *A chi* hai scritto?
> *Chi* inviti alla festa?

Che cosa o **che** o **cosa** sono invariabili, si riferiscono a cose e si usano in funzione di soggetto, oggetto e con preposizione.

> *Che* fai?
> *Che cosa* mangi?
> *Cosa* c'è?
> *A che* pensi?
> *Con che cosa* scrivi?

N.B.   L'unico caso in cui il pronome *chi* non è usato interrogativamente è quando significa *colui il quale, colei la quale, coloro i quali, coloro le quali, quello che, quella che, quelli che, quelle che* 'he who, she who, those who', ecc. Questa è una forma enfatica usata molto nei proverbi.

> *Chi* di spada ferisce di spada perisce.
> *Chi* dorme non piglia pesci.
> C'è *chi* ama la musica, *chi* la poesia e *chi* la danza.

68   Aggettivi e pronomi interrogativi

Gli aggettivi interrogativi sono **che**, **quale, -i. quanto, -i, -a, -e**.

> *Che* libro leggi?
> *Quali* film preferisci?
> *Quante* figlie ha?

107

N.B.   *Che* è sempre invariabile; *quanto* e *quale* sono variabili e possono anche essere usati come pronomi.

>   Hai molti amici, *quali* preferisci? (non *che preferisci?*).
>   *Quanto* costa questa pelliccia?

N.B.   Tutti i pronomi e gli aggettivi interrogativi si usano anche nella forma interrogativa indiretta.

>   Non so *chi* verrà.
>   Mi domando *che cosa* sia.[49]
>   Non dicono *quali* libri desiderano.

Esercizio A

Trovare le domande alle seguenti risposte:

1. Sono uscita con Giovanna e Maria.
2. Sono arrivati Paolo e Giorgio.
3. Ho ventitrè anni.
4. Niente, non ho fatto proprio niente.
5. Me li ha regalati Mario.
6. Ho visto Sandro.
7. Preferisco quelle sportive.
8. Ho telefonato a Cicci.
9. Ero da Annamaria.
10. L'ho comperata per i miei figli.

Esercizio B

Completare con aggettivi e pronomi interrogativi:

1. Non so con .... andrò in Italia.
2. .... tace acconsente.
3. Con .... abiterai quest'anno?
4. .... libri hai letto?
5. Con .... tram si va a Piazza della Borsa?
6. .... è l'abito che metterai per la festa di Capodanno?
7. .... è alto l'Empire State Building?
8. .... vuole vada e .... non vuole mandi.
9. .... fiori preferisci?
10. Ma .... vuoi?

---

[49] Congiuntivo presente del verbo *essere*.

gli aggettivi
e i pronomi indefiniti

69 Aggettivi e pronomi indefiniti

Gli indefiniti (pronomi e aggettivi) indicano quantità generiche e inde-
terminate. Alcuni di essi sono usati sia come aggettivi che come pronomi, altri solo con una di queste due funzioni. Alcuni sono usati solo al
singolare, altri solo al plurale ed altri ancora in entrambi i numeri. Qui
di seguito raggruppiamo gli aggettivi e i pronomi secondo le loro
proprietà e funzioni.

70 Aggettivi indefiniti invariabili

Gli aggettivi indefiniti invariabili sono: **altrui**, **ogni**, **qualche**, **qualun-
que**.

> Non desiderare la donna *altrui*.
> Vado a scuola *ogni* giorno.
> *Qualche* volta mi dimentico le chiavi di casa.
> *Qualunque* amico mi è caro.

71 Pronomi indefiniti invariabili

I pronomi indefiniti invariabili sono: **altrui**, **chiunque**, **niente** o **nulla**,
qualcosa. **Qualcuno**, **-a**, e **ognuno**, **-a** sono gli unici che hanno anche la
forma femminile.

> Non fare torto ad *altrui*.
> *Chiunque* verrà sarà il benvenuto.
> Io voglio *qualcosa*, ma tu non vuoi *niente*.
> C'è *qualcosa* di bello da fare?   Non c'è *niente* di bello da fare.
> *Ognuno* scriverà un componimento.
> *Qualcuno* ha rotto il bicchiere.
> *Qualcuna* di loro verrà.
> *Ognuna* di quelle ragazze pratica uno sport diverso.

72 Aggettivi e pronomi indefiniti al singolare

Gli aggettivi e pronomi indefiniti usati solo al singolare sono: **alcuno, -a** (con significato negativo), **ciascuno, -a, nessuno, -a**.

Non ho *alcuna* amica.
Non vede *alcuno*.
Daremo il voto a *ciascun* studente.
A *ciascuno* il suo destino.
Non ci sarà *nessun* pericolo.
Nessuno la ama.
Non parla con *nessuno*.

73 Aggettivi e pronomi indefiniti al plurale

Gli aggettivi e pronomi indefiniti usati solo al plurale sono: **alcuni, -e** (con significato positivo), **taluni, -e** (raro al singolare), **certuni, -e**.

Alcuni amici sono molto simpatici.
Alcuni cantano meglio di altri.
Talune donne hanno ispirato i poeti.
Taluni non sanno quello che dicono.
Certuni non sono mai felici.

74 Aggettivi e pronomi indefiniti variabili

Gli aggettivi e pronomi indefiniti variabili sono: **alquanto, altrettanto, altro, certo, diverso, molto, parecchio, poco, tale, tanto, troppo, tutto, uno** (plurale con l'articolo definito: *gli uni, le altre*), **vario**.

Ho *alquanto* sonno e ho *altrettanta* fame.
Hai amici?   Ne ho *alquanti*.
Amerà un *altro* uomo.
Alcuni dicono una cosa, *altri* ne dicono un'*altra*.
Certi animali sono feroci.
Ti vedrò ad una *certa* ora.
Certi sono felici con *poco*.
Viaggeremo per *diverse* ore.
Me l'hanno detto in *diversi*.
Mangio *molto* pane e bevo *pochi* caffè.
Molte lo trovano simpatico, ma *poche* lo amano.
Parecchi mi dicono che ho *parecchia* roba inutile.
Tante volte bevo *troppo* vino.
Ne ho parlato con *tanti* e *tutti* mi danno ragione.
Il mio amico Paolo lavora *tutta* la notte, dorme *tutti* i giorni fino alle tre del
    pomeriggio e conosce *tutta* la città.
Tale notizia mi lascia perplessa.
Non ho bisogno di *tali* amici.
Quel *tale* mi è antipatico.
Uno dice che ha torto, un *altro* dice che ha ragione.

	Aggettivi	Pronomi	Aggettivi e Pronomi	Avverbi
invariabili	altrui ogni qualche qualunque	altrui chiunque niente *o* nulla qualcosa		alquanto altrettanto assai molto parecchio poco tanto troppo
solo al singolare		ognuno, -a qualcuno, -a	alcun, -uno, -a (neg.) ciascun, -uno, -a nessun, -uno, -a	
solo al plurale			alcuni, -e (pos.) certuni, -e taluni, -e (raro al sing.)	
variabili			alquanto, -a, -i, -e altrettanto, -a, -i, -e altro, -a, -i, -e certo, -a, -i, -e diverso, -a, -i, -e molto, -a, -i, -e parecchio, -a, -i, -e poco, -a, -i, -e tale, -i tanto, -a, -i, -e troppo, -a, -i, -e tutto, -a, -i, -e uno, -a (pl. con articolo) vario, -a, -i, -e	

Gli *uni* lo difendono, ma gli *altri* lo accusano.
Questa mattina ho fatto *varie* cose.
Ho provato *alcuni* profumi, ne ho comperati *vari*.

75 Avverbi indefiniti

Gli avverbi indefiniti, di regola, sono invariabili e sono: **alquanto,
altrettanto, assai, molto, parecchio, poco, tanto, troppo.**

Ha studiato *alquanto*, ma non abbastanza.
Buon appetito!   *Altrettanto.*
Quel cinema è *assai* frequentato.
Dorme *molto*, mangia *poco* e beve *parecchio*.
Lei è *tanto* bella!
Questo gatto è *troppo* grosso.

Per facilitare il compito allo studente abbiamo raggruppato aggettivi e
pronomi indefiniti nella tabella pag. 111.

Esercizio A

Mettere le seguenti frasi al plurale usando aggettivi e pronomi indefiniti:

1. Qualche sera vado a letto presto.
2. C'è qualche errore.
3. Qualcuno bussa alla porta.
4. Ogni giorno compro il giornale.
5. Chiunque può farlo.

Esercizio B

Dare l'equivalente italiano:

1. Did anyone come?
2. Some newspapers are more interesting than others.
3. Some of my friends say it.
4. Everyone knows it, but nobody does it.
5. He took some photographs.
6. He is a man of few words.
7. Nobody saw him leave.
8. I will buy each one of them.
9. There is somebody in the elevator.
10. Some say it, some deny it.

Esercizio C

Completare usando gli avverbi indefiniti

1. Lei è .... bella.
2. Lui mangia ....
3. Io sono .... stanca.
4. Questo vestito è costato ....
5. Il film era .... noioso.
6. Tu non studi ....
7. Quei ragazzi dormono ....
8. Oggi sono .... triste.
9. Hai mangiato .... ma non ....
10. Studiate .... e imparerete l'italiano!

Esercizio D

Nel seguente brano distinguere l'uso di "molto" e "poco" come aggettivi e come avverbi:

Io non dormo molt...., ma molt.... poc.... perchè penso che quando dormo non posso fare molt.... cose. Devo ammettere che lavoro molt.... ore al giorno e che mi siedo poc.... volte, ma ho molt.... energia e mi stanco poc..... Mangio poc.... carne, ma molt.... frutta e bevo molt.... caffè, molt.... vino e molt.... latte. Il mio dottore sarà molt.... sorpreso e poc.... contento quando saprà che fumo anche molt.... sigarette.

la forma impersonale

76 La forma impersonale

In italiano quando non usiamo un soggetto specificato (*io, tu, Maria, Pietro*, ecc.) e vogliamo indicare "uno, tutti, la gente", ecc., usiamo **si** + la terza persona singolare del verbo. Questa è la forma impersonale, cioè non c'è persona.

> In Italia *si cena* tardi.
> Come *si va* in Europa?

Con i verbi che hanno l'oggetto diretto, cioè i verbi transitivi, il *si* impersonale può avere valore passivo.[50] In questo caso, se il soggetto è plurale, anche il verbo è alla terza persona plurale. Con i verbi che non hanno oggetto diretto, cioè con i verbi intransitivi, il verbo è sempre alla terza persona singolare.

> I biglietti *si comprano* (sono comprati) alla stazione.
> Da questa finestra *si vede* (è vista) la baia, invece da quella *si vedono* (sono viste) le colline.
> Con l'aereo *si arriva* prima.
> D'inverno *si sta* volentieri a casa.

N.B. Se c'è un pronome diretto o indiretto nella frase, questo precede sempre il *si* impersonale.

> Lo diciamo sempre a Bruno.   *Glielo* si dice sempre.
> Lo fanno spesso.   *Lo* si fa spesso.

77 La forma impersonale con i verbi riflessivi

La forma impersonale con i verbi riflessivi è **ci** + **si** + verbo alla **terza** persona singolare.

> Quando si lavora, *ci si alza* presto.
> Quando si viaggia, *ci si sente* bene.

---

[50] Per l'uso del "*si* passivante" vedi paragr. 86.

78 La forma impersonale dell'ausiliare *essere* e di alcuni verbi del divenire

Nella forma impersonale dell'ausiliare *essere* e di alcuni verbi del divenire come *diventare, morire, nascere, crescere,* ecc., il verbo è sempre alla terza persona singolare mentre il sostantivo o l'aggettivo che lo seguono sono sempre al plurale.

> Quando *si è* giovani, *si è* felici.
> *Si nasce* intelligenti, ma *si diventa* ricchi.
> Se *si è* studenti seri, si deve studiare molto e bene.

N.B. Ad eccezione dell'imperativo, la forma impersonale si può usare in tutti i tempi dei modi finiti. Nei tempi composti, ad esempio nel passato prossimo, la forma impersonale dei verbi intransitivi richiede il verbo *essere* alla terza persona singolare e il participio passato al plurale.

> Di recente *si è* andati spesso al cinema.
> Stamane *si è* arrivati tardi.

Nei tempi composti dei verbi transitivi, la forma impersonale ha valore passivo ("*si* passivante") per cui, come al paragrafo 76, se il soggetto è plurale, anche il verbo sarà plurale.

> *Si sono dette* molte cose inutili.
> *Si sono viste* molte città interessanti.[51]

Esercizio A

Riscrivere il seguente brano mettendo i verbi in corsivo alla forma impersonale:

Quando *lavoriamo* con altre persone *dobbiamo* essere gentili se *vogliamo* andare d'accordo. *Ci comportiamo* con educazione ed eleganza, *rispettiamo* le opinioni degli altri e *cerchiamo* di non essere prepotenti e *stiamo* attenti a non provocare delle discussioni inutili. In questo modo *raggiungiamo* rapidamente ed armoniosamente la meta comune.

Esercizio B

Cambiare le frasi usando la forma impersonale:

1. Quando *uno è* studente, *deve* studiare.
2. Quando *uno va* in Italia, *parla* italiano, *visita* molti musei e chiese famose, *scrive* cartoline agli amici e *fa* molte fotografie.

---

[51] A questa forma se ne alterna un'altra alquanto forzata in cui il verbo *essere* è alla terza persona singolare e il participio passato è singolare sebbene il soggetto sia al plurale: *Si è detto molte cose inutili, si è visto molte città.*

3. Quando *uno si alza* tardi, *si lava* e *si veste* in fretta, non *si pettina* e non *fa* colazione, non *si mette* le scarpe e *esce* di casa correndo e sbattendo la porta.

il passato remoto

79 Passato remoto

Il passato remoto indica un'azione conclusa o uno stato finito nel passato i cui effetti non durano al presente. Il passato remoto è usato:

a) nella narrazione di fatti storici

Napoleone *morì* a Sant'Elena.
L'impero Romano d'Occidente *cadde* nel 476.

b) nelle favole e nei racconti.

Biancaneve *sposò* un principe.

c) nella descrizione della vita di un personaggio (scrittore, poeta, musicista, ecc.) non più vivente

Dante Alighieri *nacque* nel 1265.
Enrico Fermi *fu* un grande scienziato.

d) nei proverbi (raro)

Tanto *fece* che la *spuntò*.

N.B.   Il passato remoto si usa insieme all'imperfetto e segue le stesse regole dell'uso dell'imperfetto e del passato prossimo (vedi paragr. 59).

Mentre Biancaneve *dormiva* e tutti gli animali della foresta *piangevano* perchè la *credevano* morta, *arrivò* un principe che la *svegliò* con un bacio.

80 Ausiliari *essere* e *avere*

Essere	*Avere*
fui	ebbi
fosti	avesti
fu	ebbe
fummo	avemmo
foste	aveste
furono	ebbero

81 Verbi modello

Il passato remoto dei verbi modello dei tre gruppi regolari:

I Parlare	II Credere	II Partire
parl-**ai**	cred-**ei** (**-etti**)	part-**ii**
-asti	**-esti**	**-isti**
-ò	**-è** (**-ette**)	**-ì**
-ammo	**-emmo**	**-immo**
-aste	**-este**	**-iste**
-arono	**-erono** (**-ettero**)	**-irono**

N.B.   Come già spiegato al paragr. 55, molti verbi del secondo gruppo presentano delle irregolarità nella formazione del passato remoto. I verbi più comuni sono:

accendere	accesi, accendesti, accese, accendemmo, accendeste, accesero
accorgere	mi accorsi, ti accorgesti, si accorse, ci accorgemmo, vi accorgeste, si accorsero
bere	bevvi, bevesti, bevve, bevemmo, beveste, bevvero
cadere	caddi, cadesti, cadde, cademmo, cadeste, caddero
chiedere	chiesi, chiedesti, chiese, chiedemmo, chiedeste, chiesero
chiudere	chiusi, chiudesti, chiuse, chiudemmo, chiudeste, chiusero
cogliere	colsi, cogliesti, colse, cogliemmo, coglieste, colsero
correggere	corressi, correggesti, corresse, correggemmo, correggeste, corressero
correre	corsi, corresti, corse, corremmo, correste, corsero
cuocere	cossi *(raro)*, cuocesti, cosse, cuocemmo, cuoceste, cossero
decidere	decisi, decidesti, decise, decidemmo, decideste, decisero
difendere	difesi, difendesti, difese, difendemmo, difendeste, difesero
dipingere	dipinsi, dipingesti, dipinse, dipingemmo, dipingeste, dipinsero
discutere	discussi, discutesti, discusse, discutemmo, discuteste, discussero
dividere	divisi, dividesti, divise, dividemmo, divideste, divisero
erigere	eressi, erigesti, eresse, erigemmo, erigeste, eressero
fingere	finsi, fingesti, finse, fingemmo, fingeste, finsero
giungere	giunsi, giungesti, giunse, giungemmo, giungeste, giunsero
leggere	lessi, leggesti, lesse, leggemmo, leggeste, lessero
mettere	misi, mettesti, mise, mettemmo, metteste, misero
nascere	nacqui, nascesti, nacque, nascemmo, nasceste, nacquero
piacere	piacqui, piacesti, piacque, piacemmo, piaceste, piacquero
piovere	piovve, piovvero *(solo terza pers.; plur. raro)*
porre	posi, ponesti, pose, ponemmo, poneste, posero
prendere	presi, prendesti, prese, prendemmo, prendeste, presero
radere	rasi, radesti, rase, rademmo, radeste, rasero
rendere	resi, rendesti, rese, rendemmo, rendeste, resero
ridere	risi, ridesti, rise, ridemmo, rideste, risero

rimanere	rimasi, rimanesti, rimase, rimanemmo, rimaneste, rimasero
rispondere	risposi, rispondesti, rispose, rispondemmo, rispondeste, risposero
rompere	ruppi, rompesti, ruppe, rompemmo, rompeste, ruppero
sapere	seppi, sapesti, seppe, sapemno, sapeste, seppero
scendere	scesi, scendesti, scese, scendemmo, scendeste, scesero
scrivere	scrissi, scrivesti, scrisse, scrivemmo, scriveste, scrissero
spendere	spesi, spendesti, spese, spendemmo, spendeste, spesero
tenere	tenni, tenesti, tenne, tenemmo, teneste, tennero
uccidere	uccisi, uccidesti, uccise, uccidemmo, uccideste, uccisero
vedere	vidi, vedesti, vide, vedemmo, vedeste, videro
vincere	vinsi, vincesti, vinse, vincemmo, vinceste, vinsero
vivere	vissi, vivesti, visse, vivemmo, viveste, vissero
volere[52]	volli, volesti, volle, volemmo, voleste, vollero

Anche alcuni verbi del I e del III gruppo formano il passato remoto irregolarmente:

dare	diedi/detti, desti, diede/dette, demmo, deste, diedero/dettero
dire	dissi, dicesti, disse, dicemmo, diceste, dissero
fare	feci, facesti, fece, facemmo, faceste, fecero
stare	stetti, stesti, stette, stemmo, steste, stettero
venire	venni, venisti, venne, venimmo, veniste, vennero

Come dagli esempi, alcuni verbi hanno una doppia forma al passato remoto, entrambe sono usate senza preferenze. Altri verbi che formano il passato remoto regolarmente hanno anche loro una doppia forma: *perdere – perdei/persi, aprire – aprii/apersi*, ecc.

Nella formazione del passato remoto, ad eccezione di alcuni casi particolari – *bere, dire, dare, fare, stare* – il verbo si comporta come segue: soltanto la **prima** e la **terza** persona **singolare** e la **terza plurale** presentano dei cambiamenti nella radice del verbo, le altre persone hanno la radice dell'infinito + la desinenza del passato remoto.

accendere	*giungere*[53]	*venire*
accesi	giunsi	venni
accendesti	giungesti	venisti
accese	giunse	venne
accendemmo	giungemmo	venimmo
accendeste	giungeste	veniste
accesero	giunsero	vennero

[52] *Dovere* e *potere* formano il passato remoto regolarmente (*potei* o *potetti, dovei* o *dovetti*, ecc.).

[53] Ci sono molti verbi come *giungere* che hanno diversi composti (*ag-giungere, sopraggiungere*, ecc.), in tal caso i composti formano il passato remoto secondo il verbo originale.

Esercizio A

Mettere i verbi in corsivo al passato remoto o all'imperfetto:

Nel secolo XI i normanni *conquistare* tutta l'Italia meridionale e la Sicilia. Essi *proclamare* il Regno di Sicilia. La capitale *essere* Palermo. Nell'Italia settentrionale le popolazioni *cominciare* a concentrarsi nei centri urbani. I cittadini di questi centri *formare* governi repubblicani. Queste città *chiamarsi* Comuni. Esse *combattere* i feudatari che ancora *governare* le campagne vicine.

Esercizio B

Mettere i verbi in corsivo al passato remoto o all'imperfetto:

I romani *dominare* per molto tempo tutti i popoli d'Europa. Poi l'impero romano *divenire* debole e altri popoli conquistatori lo *distruggere*. I barbari del Nord *entrare* nella bella penisola italiana: essi *essere* desiderosi di conquistare tutte le ricche terre del Sud, dove la natura *essere* bella e il clima *essere* mite. Questo periodo di distruzione e conquista *essere* molto lungo. Gruppi d'invasori sempre più numerosi *scendere* lungo la penisola e mentre *procedere saccheggiare* tutto quello che *incontrare* sul loro cammino.

Esercizio C

Completare con le forme appropriate dei verbi in corsivo:

Esserci una volta a Brescia un giovane signore che *chiamarsi* Tommaso. Questo giovane signore *essere* molto ricco e *vivere* da solo in un magnifico palazzo. Egli *essere* padrone di molte case in città e in campagna. Tommaso *essere* un giovane molto intelligente, ma *avere* il brutto vizio di spendere troppo denaro per i suoi divertimenti. Gli *piacere* molto divertirsi con i giovani della sua età e della sua condizione. *Dare* frequentemente grandi ricevimenti e *invitare* spesso tutti i suoi amici a divertirsi con lui. In questo modo però la sua ricchezza *incominciare* presto a diminuire. Ma quando uno *essere* abituato a vivere riccamente, *essere* molto difficile mettersi un bel momento a fare economia. Tommaso *trovarsi* presto in gravi difficoltà finanziarie e *dovere* incominciare a vendere le sue case una dopo l'altra.

Ma neppure con la vendita delle case Tommaso *riuscire* ad evitare il completo disastro finanziario. *Dovere* quindi lasciare la città e *andare* a vivere poveramente nell'ultima casa di campagna che gli *essere* rimasta. Nella solitudine della campagna egli *incominciare* a meditare sulla sua situazione disastrosa. Tommaso non aveva mai fatto nulla e quindi non *sapere* fare nulla per guadagnarsi la vita onestamente. Soltanto una truffa *potere* farlo ridiventare ricco; e questo *essere* proprio quello che il giovane *desiderare*.

Meditare dunque a lungo e finalmente *inventare* una truffa. *Andare* a trovare molti amici di un tempo e *vendere* separatamente la sua unica casa a ciascuno di essi, pregando ciascuno di non dire nulla a nessuno. Dopo un po' tutti *comprare* la casa, ma nessuno ne *parlare* agli amici. Così per alcuni giorni Tommaso *essere* di nuovo ricco. Poi però la truffa *essere* scoperta e Tommaso *finire* in prigione.

Allora Tommaso *chiamare* un avvocato per chiedergli un buon consiglio. L'avvocato gli *dire*: "*Esserci* un modo solo per salvarti. Tu *dovere* fare credere a tutti di essere pazzo. *Strapparsi* i vestiti e non *parlare* più con nessuno. Al processo, quando il giudice ti *interrogare*, tu *rispondere* con un gesto senza senso, così tutti *pensare* che tu *essere* pazzo davvero e tu *venire* liberato."

Tommaso *seguire* il consiglio dell'avvocato e, quando *giungere* davanti al giudice, non *parlare*, anzi *fare* dei gesti così strani, che tutti *convincersi* della sua pazzia. Tommaso *essere* dunque liberato e non *essere* neppure condannato alle spese del processo, perchè il giudice lo *credere* proprio malato di mente.

Dopo alcuni giorni, l'avvocato *andare* a casa del suo cliente per farsi pagare. Tommaso *mettere* la testa fuori dalla finestra e, quando l'avvocato dalla strada *chiedere* di essere pagato, *ripetere* il gesto che aveva fatto in tribunale.

L'avvocato dapprima *rimanere* sorpreso, poi *capire* la nuova truffa di Tommaso e *andare* via senza dire nulla. Non *potere* denunciare il suo cliente senza denunciare anche se stesso.

Esercizio D

Completare con le forme appropriate dei verbi in corsivo:

Tutti *sapere* che i pagani dell'antichità *adorare* molte divinità diverse. Queste divinità *essere* governate da un re chiamato Giove. Giove *essere* anche adorato come il creatore di tutte le cose, degli animali e dell'uomo. Una favola antica *raccontare* che al momento della creazione Giove *dare* all'uomo una vita piuttosto corta. L'uomo non *essere* molto contento di avere la vita corta, e, siccome *essere* dotato di molta intelligenza, *mettersi* a cercare un mezzo per allungare il periodo di tempo che Giove gli aveva dato.

Nei primi tempi della creazione l'uomo *vivere* nelle caverne, come gli altri animali della terra. Però, dopo un po', l'uomo *incominciare* a sentire il bisogno di un riparo un po' più comodo. *Pensare* di costruirsi una casa: quattro muri, un tetto, una porta e possibilmente qualche finestra. *Mettersi* dunque al lavoro. *Lavorare* la primavera, tutta l'estate e anche l'autunno. Al principio dell'inverno la sua casa *essere* finita. L'uomo *lasciare* la caverna e *andare* ad abitare nella casa che *essere* tutta bella e comoda. Nella sua bella costruzione l'uomo *potere* infatti vivere bene, protetto dal vento, dalla pioggia e anche dalla neve. Fuori *fare* molto freddo: un freddo intenso, che *penetrare* persino nelle ossa, come si dice. Ma nella casa l'uomo *stare* bene.

Fuori il freddo *diventare* sempre più intenso. Il cavallo *tremare* tutto, proprio non ne *potere* più.[54] Un bel momento il povero animale *correre* alla casa dell'uomo e gli *chiedere* riparo. L'uomo, furbo, non *aspettare* di meglio: *aprire* la porta e *invitare* il cavallo a entrare. Il cavallo *entrare* tutto contento. L'uomo *chiudere* la porta e gli *dire*: "*Andare* bene. Tu *potere* rimanere qui con me. Ti *permettere* di rimanere qui al riparo dalla neve e dal vento, ma .... a un patto." "A che patto?" *domandare* il cavallo. "Tu *potere* rimanere nella mia casa a patto che tu mi ceda una parte degli anni di vita che Giove ti ha dato." Il cavallo non *esitare*. "D'accordo!" *rispondere*. Così l'uomo *ottenere* una parte degli anni di vita che Giove aveva dato al cavallo.

Dopo un po' anche il bue *cominciare* a sentire il freddo. *Fare* un freddo molto intenso e il bue proprio non ne *potere* più. Un bel momento il bue *mettersi* a correre e *andare* anch'egli alla casa dell'uomo per chiedere riparo. E l'uomo, furbo, *fare* lo stesso patto con il bue. Dopo un po' *succedere* la stessa cosa con il cane.

Ecco ora come *stare* le cose: l'uomo *mantenersi* puro e buono finchè *consumare* gli anni che Giove gli ha dato; quando *arrivare* agli anni del cavallo, *diventare* tutto superbo e borioso; quando *arrivare* a quelli del bue, *diventare* saggio e pacifico e, quando poi *avvicinarsi* alla fine della sua vita e *consumare* gli anni del cane, *essere* un vecchio che *brontolare* e *ringhiare*.

---

[54] *Non ne posso più*: espressione idiomatica, 'I can't stand it any longer, I can't take it any more!'.

il gerundio

82 Formazione del gerundio

Il gerundio è l'unico modo infinito che presentiamo in questo volume. Nel gerundio distinguiamo due tempi: il gerundio semplice o presente e il gerundio composto o passato. Entrambi i tempi hanno una sola forma invariabile.

Il gerundio presente si forma aggiungendo le desinenze **-ando** (per il primo gruppo di verbi regolari) e **-endo** (per il secondo e terzo gruppo di verbi regolari) alla radice dell'infinito:

parl-**are**	cred-**ere**	part-**ire**
parl-**ando**	cred-**endo**	part-**endo**

Il gerundio passato si forma con il gerundio dell'ausiliare *avere* (con i verbi transitivi) o dell'ausiliare *essere* (con i verbi intransitivi e riflessivi) + il participio passato del verbo:

avendo parlato	avendo creduto	essendo partito
essendosi svegliato	essendosi raso	essendosi esibito

N.B.   Nel gerundio passato dei verbi intransitivi e riflessivi il participio passato si comporta come un aggettivo, cioè si accorda con il soggetto in genere e numero.

> Essendo torna*ta* presto a casa, Maria ha deciso di andare in piscina.
> Essendosi alza*ti* presto, Carlo e Rodolfo sono partiti di buon'ora.

Da notare che come per l'imperativo e l'infinito, i pronomi (vedi paragr. 46) seguono il gerundio presente e formano con esso una sola parola; con il gerundio passato, i pronomi seguono il gerundio dell'ausiliare.

> Parlando*ne*, si è sentito meglio.
> Avendo*lo* visto soltanto due volte, non lo conosceva bene.

123

83   Esempi di verbi irregolari

Diamo qui il gerundio di alcuni verbi irregolari:

bere	bevendo, avendo bevuto
dare	dando, avendo dato
dire	dicendo, avendo detto
fare	facendo, avendo fatto
stare	stando, essendo stato, -a, -i, -e

84   Uso del gerundio

Il gerundio è usato in funzione di complemento e può esprimere a) mezzo, b) modo o maniera, c) simultaneità o coincidenza, d) causa. Generalmente il gerundio esprime un'azione secondaria che accompagna l'azione principale.

> *Sbagliando* s'impara.
> Si guadagnava la vita *scrivendo* racconti polizieschi.
> Arrivava sempre *ridendo*.
> *Avendo perso* l'aereo, prenderà il treno.
> Così *facendo* perderà tutto quello che ha.

N.B.   In relazione all'azione espressa dal verbo principale usiamo il gerundio presente per indicare un'azione o uno stato non compiuti, e il gerundio passato per indicare un'azione o uno stato compiuti; il che significa che il tempo del verbo principale non determina l'uso del tempo del gerundio.

> Ieri, *tornando* a casa, ho incontrato Teresa.
> Domani, *andando* a San Francisco, passerò da te.
> *Essendo partita* la moglie, Carlo rimase solo.
> Non *avendo studiato*, non farai bene agli esami.

Il gerundio (presente e passato) può essere usato sia a) in modo predicativo (cioè si riferisce al soggetto) che b) in modo assoluto.

costruzione predicativa	Avendo finito il libro, Carlo partì per Bogotà. (poichè Carlo aveva finito il libro, ecc.) Studiando così, non imparerai niente. (Se tu studierai così, ecc.)
costruzione assoluta	Essendo scoppiata la guerra, mio zio partì per l'Africa. (poichè la guerra era scoppiata, ecc.) Stando così le cose, non tornerò mai più. (poichè la situazione è questa, ecc.)

85 Particolari costrutti con il gerundio

Andare + gerundio presente indica una ripetizione o una progressione successiva; **stare** + gerundio presente indica la durata dell'azione (forma progressiva).

> *Andava annunciando* a tutti l'arrivo di Andrea.
> *Andranno dicendo* a tutti la stessa cosa.
> Cosa *stavi facendo? Stavo scrivendo.*
> Cosa fa Pietro? *Sta leggendo* il giornale.
> Tra un anno *starà* ancora *studiando* legge.

Esercizio A

Sostituire i tempi del gerundio alle espressioni in corsivo:

1. *Poichè aveva perduto* ogni speranza di trovare lavoro, partì per l'Australia.
2. *Mentre scendeva* le scale, cadde.
3. *Quando parla* con me, non dice mai la verità.
4. *Se studiate* molto, imparerete molto.
5. *Se prendi* l'aereo delle sei, arriverai a Roma alle sette.
6. *Poichè si è sposato* la settimana scorsa, ora è in luna di miele.
7. *Quando* un tiranno *è* al potere, la libertà del cittadino è limitata.
8. *Mentre andava* all'aeroporto, pensava già al ritorno.

Esercizio B

Sostituire il verbo 'stare + gerundio' alle espressioni verbali in corsivo:

1. *Usciva* quando gli annunciarono d'aver vinto un premio.
2. Ciao, Patrizia! Dove *vai*? Io *vado* da Bulgari, a via Condotti.
3. *Mentre* gli *parlavo*, lui *pensava* ad altro.
4. *Mentre andavamo* al cinema, uno straniero ci ha fermati e ci ha chiesto delle informazioni.
5. Cosa *farai* domani a quest'ora? *dormirò*.
6. Cenerentola *ballava* con il principe quando suonò la mezzanotte.
7. Cosa *faceva* quando sei arrivato a casa sua?
8. *Mangiava, beveva* e *si divertiva* con i suoi amici.

il passivo

86 La voce passiva dei verbi

Nella coniugazione passiva dei verbi le forme verbali dell'ausiliare *essere* sono seguite dal participio passato del verbo che si vuole coniugare.

> Leggo il libro.   ⇒   Il libro è letto da me.
> Rispettiamo i genitori.   ⇒   I genitori sono rispettati da noi.

Come risulta dagli esempi, nel passaggio dalla coniugazione attiva alla coniugazione passiva, il soggetto diventa "agente" (preceduto dalla preposizione "da") e l'oggetto diventa soggetto. Inoltre, il participio passato si accorda in genere e numero con il soggetto. Soltanto i verbi transitivi (con oggetto diretto) hanno la coniugazione passiva; da notare la differenza tra:

> Sono amata da molti.   ——   coniugazione passiva, verbo transitivo
>   e
> Sono andata al cinema.   ——   coniugazione attiva, verbo intransitivo

N.B. Nei tempi semplici possiamo usare, in qualità di ausiliare, il verbo *venire*, e, meno frequentemente, altri verbi come *stare, andare, finire, rimanere,* ecc.

> *Venne* (fu) dichiarata la guerra.
> Questo libro *verrà* (sarà) letto da tutti.
> *Rimase* (fu) sorpreso e inorridito.
> Tutti i suoi gioelli *andarono* (furono) persi.

Per la forma passiva della terza persona singolare e plurale di tutti i tempi di modo finito dei verbi transitivi, usiamo il pronome *si* che in questo case viene definito "*si* passivante".[55]

> *Si sono fatti* molti sbagli.
> Di sera *si accende* la luce.

---

[55] Vedi paragr. 76 e 77.

Esercizio A

Trasformare le seguenti frasi in forma passiva, come dall'esempio:

Carlo ama Teresa — Teresa è amata da Carlo.

1. Romolo fondò Roma.
2. I giapponesi bombardarono Pearl Harbour.
3. Il poliziotto arresta il delinquente.
4. Il tenore ha cantato l'aria del terzo atto molto bene.
5. Michelangelo dipinse la Cappella Sistina.
6. Carlo comprerà i biglietti.
7. Il conferenziere leggerà quattro poesie.
8. L'avvocato difende male l'imputato e il giudice lo condanna.
9. Maria e Francesca prepareranno la cena.
10. Scriveremo una lettera di protesta al presidente.

Esercizio B

Distinguere l'uso del 'si passivante' nel seguente brano:

Quando si è giovani, non si pensa molto. Si dicono e si fanno molte cose che poi si dimenticano facilmente. Non si ascolta il consiglio degli anziani perchè si pensa di sapere tutto. Si cerca un ideale in cui credere e lo si insegue fino in fondo senza ascoltare chi ci dice di essere preparati ad una delusione. Si procede senza guardare nè a destra, nè a sinistra. Si guarda avanti, in alto, a quello che si desidera e non ci si ferma mai.